「終活」を考える
――自分らしい生と死の探求

浅見昇吾／編
Shogo Asami

JN155116

Sophia University Press
上智大学出版

序にかえて

―「終活」をどのように捉えるか？―

「終活」が大きな話題になっていますが、「終活」とは何なのでしょうか。この言葉は二〇〇九年に『週刊朝日』が使ったのがはじめてとされています。当時はお墓や葬儀の事前準備の話が中心になっていました。というより、今でもお墓や葬儀のことが頻繁に話題にされています。ただ、時の流れとともに、「終活」の意味に広がりが出てきたことは間違いないと思われます。例えば、終活カウンセラー協会の定義では、終活は「人生の終焉を考えることを通じて自分をみつめ今をよりよく自分らしく生きる活動」となっています。「終活」はこのような広い意味で捉えるべきでしょう。

この広い意味での終活では、一人一人の主体的な活動が中心に据えられているように見えます。そして、このような活動に重きが置かれることになった背景には、医学及び医療技術の飛躍的な進歩と自己決定権という考え方の普及があったことは疑いの余地がありません。医学の進歩によって平均余命が長くならなければ、どのように人生を終わらせるか考える前にこの世を去らざるを得ないか、末期のことを考えるにしても選択肢はかなり狭くならざるを得ません。また、個々人の能動的な活動に関心が集まるのは、自己決定権という考え方の普及があったからに他なりません。

しかし、ここには終活にまつわる逆説的な状況が潜んでいるように思われます。一方では、自己決定権の普及が終活の重要性を浮かび上がらせることになったのは間違いありません。自分で自分の死のあり方を決められる、あるいは決めるべきだと考えなければ、終活を行うなどという発想が出てくるはずがありません。そして、この自己決定権の広がりは基本的には肯定的に解釈されていると思われます。ところが他方で、現代の人々、特に高齢者の少なからぬ人が、頼る人がいない、人間的なつながりが希薄になってしまっている、経済的理由で望むような選択ができない等々という状況に陥っているからこそ、終活が大きな問題になっているとも言えます。こちらは否定的に捉えられていることが少なくありません。この逆説的な状況を念頭に置きながら、終活というものの全体像を捉えていく必要があるように思えます。

この逆説的な状況を理解すれば、終活というものがもつ幅広い射程がよく見えてくるはずです。一人一人が何かを選択する時に、その選択肢を広げてあげることも必要でしょうし、個々の決定を制度的に支えることも必要になるでしょう。ここには、地域医療の問題も含まれるでしょうし、介護保険の問題も含まれます。事前指示をどのように作成し、どのように制度的に支えていくかも重要なことでしょう。アドバンス・ケア・プランニングをどのように実現していくかも大切なテーマです。終末医療の可能性や様々な選択肢をどのように人々に知らせていくかということにも配慮しなくてはならないでしょう。エンディングノートの書き方について考えるのも悪くありません。孤独な高齢者や末期の人を支えるシステムも考えなくてはなりません。現代人の宗教に関する考え方を理解することも忘れてはならないでしょう。地縁のことも考慮に入れなければならないでしょう。自分の死後のお墓のことも、戒名等のことも気にかける必要があるでしょう。散骨や樹木葬などの選択肢を広げていくことも大事なことのはずです。行政が支えるべきこと、ＮＰＯが支援するべきことの関係を考えるのも不可欠でしょう。

単なるノウハウではなく、こうした幅広い視点から終活を捉えるという考え方に基づき、様々な論考を集めました。上智大学の社会人講座のスピーカーを中心に、いろいろな業種の方が興味深い考察を提供してくださいました。
これらの論考が一人一人の終活に役立つことを願っています。

二〇一七年一月

浅見　昇吾

目次

第一章　終活、それは幸せで満足ある死を迎えるために行う

船後靖彦

一　私の考える終活

1　死は必ず来ると自覚することが終活の入口

初めに、私がこれから述べる終活を定義しますと、「私利私欲のない志に向かって『自己の最善を他者に尽くしきる』ための何かの手段を行う」です。解かりやすく表現しますと、「自分以外の人に役立つ何かの行動を起こす」となります。そしてこれは、例外はあるにせよ基本的には、健康であって、ある年齢に達した人がする利他的活動と考えています。遺書を書く、エンディングノートをつける、生前整理などの、いわゆる一般的な終活は、間接的には遺す家族に役立つ終活であっても、基本的には自分の心を満たすためのもの、言わば自利的終活と私は考えています。「これで死ぬ準備は終わった。いつ逝っても心残りはない」といった具合に。加えて言うなら、その類の終活は若い頃からできるものです。

さて、『自己の最善を他者に尽くしきる』は、私がその一部だけを長年にわたり持つ生き方の信条としていた全文です。一部とは『他者に尽くす』の部分です。そしてこれのフルフレーズ（現代語訳）と起源が、五一三年日本に伝わって来た儒家思想における徳の概念と知ったのは最近になってからのことです。それを知った時私は、この言葉を未来永劫の生き方の信条とすることを決めると同時に、「この概念は、大乗仏教国日本の人々の心に意識せぬまま浸透している、『自分のことよりも他人の幸福を願う』利他に通じている」と思いました。つまり私がこれから述べます終活は、大方の日本人の心にある利他に即しているということです。そして、私の考える終活のゴールは、「幸せで満足ある死を迎える」であります。そんな活動、終活。それは、死は必ず来ると自覚することがその入口と私は考えています。ドイツの哲学者ハイデガーの言葉に、「訪れることになる未来の死に向けて自分の生き様を決めろ」というものがありますが、感覚的にはそれに近いと考えます(1)。

死は来ると知識として知ってはいても自覚あるいは実感できない人は、私が定義した終活はできません。それは、自分では「今、健康である私が死ぬとはとても思えない」と考え、私の言う「幸せで満足ある死を迎える」ことをゴールとする終活には真剣になれないからです。このことは私の推測にすぎませんが、調査によると八人に一人は、自分は不死身だと思っているそうです。実は、ＡＬＳ発症前までは私も自分は死なないと思っていました。と言うより「自分が死ぬと思うことなど、四一歳でALSを発症するまではなかったので、実感することができなかった」と言った方が正しいかもしれません。

ALS発症を除けば、ほとんどの健康な日本人は、私と同じではないでしょうか？「自分が死ぬと思うことなどなかったので、実感できない」と言われると思います。裏を返せば、「自分は死なない」と思っているということです。また、死は必ず来ると自覚することは、生きてゆくことに慎重になれる面からも有益です。事故などで突然死んでしまえばそれまでです。ただ死んだという事実が残るのみです。遺された家族がどんなに悲しむことでしょう。豪州の医師ピーター・サウル氏は、TEDでこう語っています。

〈前略〉問題はさらに深刻です。というのも誰でも死ぬ事は知っていますが死に方も大切だからです。

本人だけでなく先立たれた人達の人生にも影響するからです。残された人達の心に死に様が生き続けるのです。〈後略〉

そこまで構えなくても、生きていれば、色々なことをすることが可能です。ところが、当たり前のように思える「生きる」ことも、過重労働を課せられる現労働環境下では、大手広告会社の社員のように自殺する人も出たりしてますので、難しいことに思えます。繰り返しますが、死んでしまえばそれまでです。

2　自分は死なないと意識下で

これから述べます二つの私の体験は、死ぬ寸前までいきながらも死ななかった出来事です。それにより私は、意識下で「自分は死なない」と当時思い込んでいたことに気づいたのは極々最近のことです。

■死を目前に見たが生き残ったバイクでの事故

その日二五〇ｃｃのバイクで国道に沿って造られている側道を走行していました。夜九時頃のことです。その側道は、最終的には右にカーブし、片側二車線、上り下り合わせて四車線の国道を横断します。私はその側道から、信号無視で、いきなり車の往来が激しい国道に突っ込んでしまったのです。

バイクの場合、ハンドルを回すのではなく、曲がる方向にバイクごと体を傾けます。その時も、右カーブに合わせてバイクごと右に体を傾けました。そこで視覚的錯覚を起こしたのです。側道側の信号は赤なのに体を斜めにしたため、国道の青信号を側道の青と錯覚し、国道を渡り切ろうとしてしまったのです。

あっ！と思った瞬間、無意識にブレーキをかけていたのだと思います。気が付いたら、下り側二車線の追い越し車線側にバイクごと倒れていました。頭の真後ろには、乗用車のフロントバンパーがありました。倒れたバイクを起こしざま、目をやった側道には、後続の自動車のドライバーがハンドルで目を覆うようにして伏せている姿が見えました。彼の行動は、「人が死ぬ様を見たくない」という心の表れだったのでしょう。私はその姿から、「九死に一生を得た」ということを悟りました。私が二四歳の時のことです。

■死を目前に見たが生き残った経済事件：万引き

私はＡＬＳ発症前までは、宝飾・時計業界の輸入商社に勤めていました。担当はダイヤモンド。三五歳の時、大阪支社主催の〝大宝飾品即売会〟に、東京本社から派遣された時のことでした。景気は冷え込んでいたにも拘らず、会場は千客万来。特に私のコーナーは、満員電車にも似た賑わいを見せたのです。私は一人で多数のお客様の対応をせざるを得なくなり、陳列していた商品に目がゆかなくなっていました。

そんな忙しさが一段落した時、私は自分の売り場を見て息を呑みました。あったはずの、いくつかの大粒のダイヤモンドが無いのです。私は震える足はそのままに、必死に消えたダイヤモンドの原価の計算をしました。その合計は、一三〇〇万円。つまり私はその日一日で、原価で一三〇〇万円のダイヤモンドをおめおめと万引きされてしまったのです。しかもそれらは、私がその日のためにと、業界何社かから借り受けた物だったのです。普通、万引きでは保険金は下りません。それゆえこの金額は、業務上のこととはいえ私が住まいを売るか、会社から借りるかして払わなくてはならなくなってしまったのです。しかも近日中に……。

そう思っただけで私は訳がわからなくなってしまい、その後のことはほとんど憶えていません。ただ、予約してあったホテルの一〇階位の部屋から見た夜景が生み出した、気の迷いだけは憶えています。「この窓から鳥になって飛んだら、この気持ちもきっと楽になるはずだ」という。けれども、その高層ホテルの窓は危険防止か自殺防止かはわかりませんが、はめ殺し、つまり開かない構造になっていたのです。

今から四半世紀も前のことです。本気で死ぬ気だったとは言い切れませんが、もし窓が開けられる構造だったらその可能性は否めません。窓を開けにいったのですから。

この二つの出来事を、今まで私は死を実感できた事象として語ってきました。でもそれは間違いでした。死を実感したのは事実ですが、寸止めで死なな かったことから「自分は死なない」と思い込んでしまったのです。意識下で……。それを思わせる特徴的な行動は、万引きされたことの汚名を挽回せんと、それまで睡眠時間を四時間にしてまで打ち込んできた仕事に、さらに力を注ぎ込んだことが挙げられます。結果、本当の死を実感できる事象を舞い込ませてしまったのです。

3　ALSの発症

二〇〇〇年五月のとある朝、私は千葉市のC大学病院で、ALS（筋萎縮性側索硬化症）という不治であり、発症後約三年の間に全身、さらには呼吸筋をも麻痺させ、人工呼吸器を装着しない限り死に至る病気になっていると告げられました。

その朝、入院時担当医が私にこう告げました。「あなたの侵された疾患は、神経性の難病の『筋萎縮性側索硬化症』通称ＡＬＳです。この病気は、平均三〜四年で呼吸ができなくなります。その時点で患者さんは、人工呼吸器で延命するか死ぬかのどちらかを選択します。その人工呼吸器ですが、一度着けたら生涯外せません。また、症状の一つとして筋肉の麻痺があります。これはやがて全身にまで及び、逃れる手立てはありません。つまり延命したとしても、全身麻痺で寝たきりになります」というものでした。

私は、告知を聞いている途中から精神的ショックからか、またそれによる体調の異変からか、視界がまるで筒でも覗いているように狭まりました。加えて、耳が遠くなったような感覚を覚えたのですが、なぜか医師の声だけは聞こえていて、やがてそのぶつぶつがワンワンと頭の中を駆け巡りだしたのです。そんな状態の中、何気なく見た窓越しの景色は現実味がなく、こらえ切れずににじみ出た涙のためか、まるで輪郭の曖昧な出来損ないの絵のようでした。私は、表面上は平静を装いながらも、「いやだ！　そんなことあるはずがない」と、心の中で狂わんばかりの絶叫を発していました。

このような中、私は一つだけ質問をしました。「呼吸が停止し死ぬ時は苦しむのですか？」。医師は「意識が朦朧となり静かに息を引取ります」と答えました。それを聞き私は、心底安堵しました。なぜなら、告知を受けている時から延命しないことを決めていたからです。やはり苦しんで死にたくはありません。このことから、告知終了後即座に医師に〝呼吸停止を以って人生を終えること〟を告げたのでした。

この時、そこまでの人生で初めて、死は必ず来ると自覚できたのです。のち丸二年「寝る時、朝までには死にたいと願い、朝、生きてる自分にがっかりする」という日々を送りました。死は来ると自覚したというより、病気の性質上確実に来る死を早くと願っていたと言った方が表現として的確かもしれません。

二　苦しむ人を世の中からなくす

1　終活の種と芽

それでもいま私が生きているということは、ＡＬＳとの告知を受けてから丁度二年後にあたる二〇〇二年五月、私の言う終活の〝種〟になるものに入院中出会えたからです。その〝種〟とは、当時の主治医から依頼されたピアサポートです。ピアサポートとは、同じ立場にある人による支援のことです。私のピアサポートは、自分の病室でＡＬＳを発症した人と面談して体験談などを語るものでした。使用したのは音声ソフトが入ったパソコンです。

それを続けるうち、ある頃から、私の話を聞いた同じＡＬＳ患者の人が笑顔になって帰ってゆくことに気が付きました。最初は「なぜ？」と思う程度のことでしたが、やがて「ＡＬＳ患者の自分でも、人を楽しくさせることができるんだ！　人に役立つことができるんだ！」と思うようになり、ピアサポートをすることが本当に楽しくなっていったのです。それが生き甲斐となり、生き甲斐があるから生きたいと思う。私は延命のために人工呼吸器を装着する決断をしました。

私のケースは、年齢が、先に書いた例外に当たります。それより肝心なことは、死は必ず来ると自覚していたからこそ、命がある限りは「自分以外の人に役立つ何かの行動を起こす」と思えたことです。

そのただの〝生き甲斐〟だったピアサポートが、「苦しむ人を世の中からなくす」という大仰すぎるほど大仰な志に育ったのは、二〇一四年になってからです。実は、その前に終活の〝芽〟にまで育った出来事がありました。一〇年、旧友の娘が私と同じような病状をしめす疾患MLDで亡くなったのです。全身麻痺、喋ることができない、口から食べ物を摂取することができないなどの症状と闘い、少女は一五歳で旅立ちました。それを知った時私は思いました。「異染性白質ジストロフィー（MLD）で亡くなる子どもを一人でも減らしたい」と。少女の苦しかった日々を理解できる私は、MLDの治療薬と治療方法の早期開発を求めに一二年七月に厚生労働省へ行きました。同月出版した、その少女を主役とした童話『三つ子になった雲』を携えて。その思いを持ったことと、このささやかな行動が、「苦しむ人を世の中からなくす」という志をのちに立てたことの発端です。

2　私の考える終活の定義の補足

勿論、こんな一〇〇万階建てビルのような高い志は、一人ではとても完遂できないのはわかっています。私が生きているうちにやれることは、せいぜい一階の高さに相当する終活です。

例えば、「老化現象に苦しむ高齢な方、あるいは病気や障害で苦しむ大人・子どもを精神面から癒す」を実践するなどは、考えられる私がする終活です。

さて、そこで冒頭に私の言う終活の定義として書いた「私利私欲のない志に向かって『自己の最善を他者に尽くしきる』ための何かの手段を行う」と、その実践方法をご理解頂きたく当文節を分解してみます。この終活の実践方法において欠かせない要素は、〝志〟と〝手段〟です。〝志〟がなければ、終活の焦点がボヤケます。〝手段〟がなければ、終活の実践が困難になります。それを鑑み、分解しました。

●私利私欲のない志を立てる
⇓『自己の最善を他者に尽くしきる』を指針とする手段を実行する ＝ 終活

となりました。さてこの場合の〝私利私欲のない〟は、改めて述べるまでもなく「個人の地位獲得や金銭欲を満たす気持ちはない」という意味です。これについては、私には並行する別の考えもあります。それは、「志を完遂するための費用は調達すべきものである」という考えです。

この点は、ナイチンゲールの「構成員の自己犠牲のみに頼る援助活動は決して長続きしない」という考え方に準じています。また、『自己の最善を他者に尽くしきる』は、前述しましたが、儒家思想における〝徳〟の概念です。儒家では、この実践により、人との関係において最も崇高な〝感謝の人間関係〟が生まれるとしています。

感謝など求めるものではありませんが、感謝されれば貢献感に包まれます。私は人の最高の幸せは、「臨終の床にあって貢献感に包まれる」ことだと以前から思っていました。それだからこそ、「終活のゴールは、幸せで満足ある死を迎える」と考えるようになったのです。誰でも『自己の最善を他者に尽くしきる』という思いの下、その人の持つ天分を発揮し誰かに役立つ終活としての活動をする。当然ながら役立つ終活としての活動をされた人は、それをしてくれた人に感謝を示してくれます。そしてこの感謝を示す人が多ければ多いほど、旅立つ時、貢献感の度合いが増すことでしょう。そしてこれが、終活をすることの意味ではないでしょうか？「幸せで満足ある死を迎える」ことをゴールとする終活をすることの。

ところが、生産年齢人口（一五歳～六四歳）にある人は、自分の心を満たすための自利的終活（遺書・エンディングノート・生前整理）はしても、「幸せで満足ある死を迎える」ことをゴールとする終活をすることはありません。この理由を、自説を用いて説明したいと思います。
（＊生産年齢人口とは、生産活動に従事しうる年齢の人口のことです。日本では総務省統計局による労働力調査の対象となり、一五歳から六四歳の人口がそれにあたります。）

三　得るためだけの人生に警鐘を鳴らす

1　一人一人生一〇〇〇ヶ月

私の自説とは、「一人一《いち》人生一〇〇〇ヶ月」という人の生涯を、四つに分けた期間でとらえることを、基本にしています。一〇〇〇ヶ月、これは、人が生まれてから死ぬまでの期間を表します。年齢で言うと〇歳から八三歳と四ヶ月。日本の平均寿命八三・七歳（二〇一五年）とほぼ一致します。私はこれを、四つに分けて人生を考察あるいは設計することを提唱しています。

第1・四半期に当たる生まれてから二五〇ヶ月間、すなわち二〇年と一〇ヶ月までを「社会進出準備期」と言い表し、次の第2・四半期、つまり次の二五〇ヶ月間を「承認欲求期」としています。そして第3・四半期に当たる次の二五〇ヶ月間を「自己実現期」とし、最後の第4・

四半期は「人生集大成期」としました。なお、この一〇〇〇ヶ月という期間については、何かの雑誌に書いてあったことを「四つに分けたら自分の人生を振り返る時に使える」と覚えていたものです。次の図にしてから、二つの大学で話しています。

（＊マズローの欲求五段階説から用語二つを拝借しました。）

【一人一人生一〇〇〇ヶ月　簡易図】

《月数》	《年齢》	《期名》	《各期に入る頃又は期中にある主な事象》
二五〇ヶ月	（＝二〇歳と一〇ヶ月まで）	⇓社会進出準備期	誕生／幼保・小・中・高・大学入学
←			
五〇〇ヶ月	（＝四一歳と八ヶ月まで）	⇓承認欲求期	高校・専門学校・短大・大学卒業／過労死
←			

七五〇ヶ月（＝六二歳と六ヶ月まで）　⇓自己実現期　男厄年四二歳／老眼、四十五十肩、過労死

《四二歳前後から社会的成功を目的に、目標を設定する》

一〇〇〇ヶ月（＝八三歳と四ヶ月まで）　⇓人生集大成期　男女厄年六一歳、定年／高齢者特有の障害

←

《六二歳前後から人間的成功を目的に、目標を掲げる》

＊社会的成功：地位、富、名誉などを得られたことを言う。
＊人間的成功：家族・他者と良好な関係を築き、人望を得られることを言う。

この一人一人生一〇〇〇ヶ月を均等に二五〇ヶ月間で四つに分けますと、各種学校卒業、厄年、定年などの日本の社会制度・風習・肉体的な変化が示される時に、各期に入ることがわかります。また、各期に飛び込む年齢及び留まる年数には個人差があります。従いまして、簡易図にある〝月数〟と〝年齢〟は、各期の期間を把握するための目安とお考え頂ければと思います。

2　各期の役目

ところで、それぞれの期には現社会が求める人間を形成する役目があります。まず、社会進出準備期には、それぞれが持つ夢をかなえるためのスキルを身に付ける時期という役目があります。簡易図には、社会進出準備期は〝二〇歳と一〇ヶ月まで〟と記しましたが、これは目安で、早い人は一五歳で社会進出準備期を終え承認欲求期に入ります。

次に、承認欲求期が持つ役目を述べます。認められたいと思うことは、社会構成員として生きる人間の持つ自然な欲求です。誰もが自分を認めて欲しいという気持ちは持っています。そうでなければ、職場は活性化しません。私の場合で申し上げますと、前述した輸入商社で三〇歳からは「俺を認めろ！」と言わんばかりに睡眠を四時間にして仕事をし、三五歳からは経済事件のこともあり、その勢いを増したのです。その全力疾走のお蔭で年間六億円以上の売上を、八年間にわたり宝飾部門に計上することができました。

私のような猪突猛進型の人間は、今も昔も承認欲求期にある者はいくらでもいることでしょう。つまり承認欲求期が持つ役目は、経済活動ひいては社会活動を活発にすることにあります。

自己実現期が持つ役目も承認欲求期と同じく、人が創造的な行動をすることにより経済活動さらには社会活動を活発にするというのが、その役目です。違いは、自己実現期にある人間は、社会的成功を強く意識している点と考えます。

3　なぜ生産年齢人口にある人は終活をしないのか

実のところ、承認欲求期と自己実現期を合わせれば、年齢的に、生産年齢人口の一五歳から六四歳とほぼ一致します。この人たちは男女ともに、当該二つの期の役目である経済活動さらには社会活動を活発にする営みを従順に遂行しています。辛辣な言葉で言えば、地位を得るため、富を得るため、名誉を得るための活動を二期合わせて五〇〇ヶ月間、懸命に何かをしているのです。年数で言うと四二年弱です。たとえライバルに後塵を拝しても、他の何かで地位、富、名誉などを得るため全力疾走をします。得るためだけに、全力を出します。私もインドのダイヤモンドバイヤーの立場を得るため、前述のことをしました。当時の上司に、「一番売るやつがバイヤーだ」と言われていたからです。経済事件の汚名を挽回するためでもありましたが……。勿論、そうじゃない人もいます。私の観察では、資格を要する仕事につく人で、企業内で働く人にはその傾向は弱いように感じます。しかしながら、ほとんどの生産年齢人口にある人は、何かを〝得る〟ために生きています。そのため周りはライバルだらけ。「感謝の人間関係」を育む〝ありがとう〟も、心の底から言っているのではないと見受けられるケースも散見します。

これでは、私の言う「●私利私欲のない志を立てる⇓『自己の最善を他者に尽くしきる』を指針とする手段を実行する＝終活」は、できないのではないでしょうか？　いやできません。我欲を推進力とする〝得る〟ための活動だけがすべてとなり、私の言う終活の要素である、私利私欲のない〝志〟を立てるような気にはなれないからです。これが、「生産年齢人口にある人が、なぜ終活をしないか」の理由です。

とは言っても、私はこの生き方を批判しているのではありません。〝得る〟ためだけの人生、言わば自利的人生を爆走していると、それだけで人生の終焉を迎え、「私がゴールとした終活による幸せで満足ある死を迎えられない」と警鐘を鳴らしているだけなのです。これに関しては、私よりかなり前から警鐘を鳴らしている人がいます。アップル創業者のスティーブ・ジョブズ（一九五五－二〇一一）です。氏は以下の言葉を病床で記したとされています。そのさわりを、中略を入れ紹介します。

私は、ビジネスの世界で、成功の頂点に君臨した。他の人の目には、私の人生は、成功の典型的な縮図に見えるだろう。しかし、今思えば仕事をのぞくと、喜びが少ない人生だった。人生の終わりには、お金と富など、私が積み上げてきた人生の単なる事実でしかない。〈中略〉私がずっとプライドを持っていたこと、認証や富は、迫る死を目の前にして色あせていき、何も意味をなさなくなっている。〈中略〉今やっと理解したことがある。人生において十分にやっていけるだけの富を積み上げた後は、富とは関係のない他のことを追い求めた方が良い。それは、人間関係や、芸術や、または若い頃からの夢かもしれない。終わりを知らない富の追求は人を歪ませてしまう。私のようにね。〈後略〉[2]

認証と富への追求を内省したこの言葉。これを地位や名誉としても意味は通じます。正に、〝得る〟ためだけの人生を走ればこうなると言っているようなものです。

四　結びに

一人一人生一〇〇〇ヶ月は、よく知られる『マズローの欲求五段階説』を、用語二つを含め参考にしました。特に「人生集大成期」の部分は、マズローが晩年「五段階の欲求階層の上にもう一つの段階がある」と発表した『自己超越』という段階はあると確信し、それと同じ段階として設定しました。自己超越は、「見返りも求めずエゴもなく、自我を忘れてただ目的のみに没頭する」という段階です。

なぜ自己超越という段階はあると確信したかを述べますと、点訳ボランティアをされている恋塚重忠さん（八四歳）という方の「私利私欲もなく、純粋に目の不自由な人に点訳で尽くしたい」という利他的〝志〟を持つ生き様に触れたからです。言い忘れてならないのは、点訳という高度な〝手段〟を用いてその〝志〟を完遂されている点です。私の書籍二冊も、恋塚翁の点訳により日本点字図書館サピエに収蔵されています。そしてこの段階（自己超越）にある人が、私の言う「●私利私欲のない志を立てる⇓『自己の最善を他者に尽くしきる』を指針とする手段を実行する＝終活」を、される人だと私は思っています。しかしながら、終活をするのは体力のあるうちが、その動力源となる志を完遂するにも最善です。だからと言って、周囲の援助があればできます。私のように。

今私は、三つの当文冒頭で私自身が定義した終活を実践する機会に恵まれています。

一つは、二－2に記した「老化現象に苦しむ高齢な方、あるいは病気や障害で苦しむ大人・子どもを精神面から癒す」を実践する機会です。これは、二〇一五年二月から月一度私の後援会チーム「ふなＧＯ！」の支援で開店している、ピアサポートカフェという名の高齢な方・障害を持つ方の発表の場を核として、発展できればと思っています。会場は、私の勤め先「アース」が所有する施設です。

次の一つは、「苦しむ人を世の中からなくす」という志の下、看護・福祉系学部並びに生命倫理の授業のある大学を中心とする教育機関での、被虐体験者である私の話と私の後援会による朗読劇を組み合わせた講演です。これは、私が被ったような虐待を受ける高齢者・障害者をなくすことを祈願して実施しています。やり方としては、クイズや笑いで学生諸子の集中力を高め優生思想の残虐性や合理的配慮の見えざる部分を語っていますが、今の所好評です。ところで、私の「後援会による朗読劇」などと簡単に記しましたが、私の勤め先の代表をはじめ三人の医療・福祉サービス会社の社長、そして塾経営者、会社役員、ピアノ教師などの、それぞれ別の日常のあるメンバーが駆けつけて来てくれて執り行う朗読劇です。

最後の一つは、先ほど来述べ続けてきた生産年齢人口にある人に向けて発信する予定の、「得るためだけの人生への警鐘」をテーマとする絵本にもできるポエム風の物語です。第一作が、私が師事している「泉鏡花文学賞」受賞作家の寮美千子氏の監修・校正を経て完成しました。絵は、難病「エーラス・ダンロス症候群」と闘う台湾の青年、周子閏《しゅうしじゅん》くんが担当してくれました。発信の試みとして、対象とする年齢層は違うのですが、とある大学の医療・福祉系学部の学生約五〇〇人の前で、後援会の人に朗読してもらいました。メモを取るほど熱心に聞いてくれる学生もいましたが、感想は聞けていません。

という三つの私の終活を結びに紹介しまして、筆を擱くことにします。

【参考・引用文献】
（1）山口一郎『実存と現象学の哲学』放送大学教育振興会、二〇〇九年
（2）国際文化研究室編『スティーブ・ジョブズ 最後の言葉』ゴマブックス、二〇一六年

別記

人は健康であってこそ、何か手応えあることができるものです。仕事にせよ終活にせよ。私のようになったら（全身麻痺・人工呼吸器装着・喋れない）、できないとは言いませんが前述したように周囲にかなりの負担をかけます。

それでも私が行動するのは、「障害者の可能性を示すため」ではありません。一人でも多くの人にこの姿を見てもらい、「無理すること」の危険性（医学的根拠は全くありませんが、ALSを発症したこの身がそれを言わせます）を知ってもらいたいからです。今まで「無理するとこうなる可能性がある」とは、公の場では言ったことはありません。しかし昨年、全ての事に熱中するタイプの知り合いが、一時半身麻痺になったことから、これからはその危険性をも

説きたく思っています。

私はこの姿になってから、他人からの憐みの視線、蔑みの視線を感じるようになりました。これは、現状の己《おの》が姿に卑下して神経質になっていたからということではなく、健常者であった極若い頃の自分がどういう視線で障害を持つ人たちを見ていたかを、思い出せたからです。愕然としました。鏡に映った自分を見た時それを思い出せたからです。こんな心を昔は持っていたのかと……。

人は、全部とは申しませんが一部の人の潜在意識の中には、本人も気付かぬ障害者への蔑みの心があります。そしてそれは、不意の時の言動に表出《ひょうしゅつ》します。寝たきりの生活一六年、それがわかるようになりました。悲しさと悔しさが、全身の毛穴に湧き上がります。そんな感情に浸されないためにも、病気になるほどの無理は禁物と強く申し上げたく思います。終活というテーマに直接には関係ありませんので、別記させて頂きました。

第二章　自分らしい老後と最期の準備

―おひとりさまの終活―

中澤　まゆみ

はじめに

私は長年、女性・移民・マイノリティをテーマに仕事をしてきました。ところが最近、私の扱う仕事は医療と介護、ジジババ問題一色です。一二年前、一五歳年上のおひとりさまの友人が認知症になり、その介護が飛び込んできたことがきっかけでした。

彼女の介護のキーパーソンや後見をする過程で、自分もやがてジジババの仲間入りをするのだ、という実感が出てきて、自分の老後のためにも本を書き始めました。二〇一五年に出版した、『おひとりさまの終の住みか』で、私の「おひとりさまシリーズ」も、五冊になります。

多くの人は自分が健康な状態のときには、医療や介護のことなど考えません。しかし、異変はある日、突然やってきます。ところが、地域の医療・介護の情報を知らない、どんな制度や支援があるのかわからない……。

一二年前の私もそのひとり。介護のことや、ましてや認知症のことなど考えたことのない、お気楽市民のひとりでした。

これからどうなる、私たちの老後

最近、「互助」という言葉をあちこちで聞くようになりました。「自助」「互助」「共助」「公助」と言われます。以前は「公助」が最初にあって、「共助」「自助」でした。しかし、これからは「自助」と「互助」があらゆる場面で言われることになり、「共助」「公助」は次第に減ってきます。

「自助」というのは、自分ができることは自分ですることです。「互助」というのは、自分ができることはするけれど、できないことをお互いに助け合うというもので、昔ながらの地域の助け合い、ボランティア、NPOによる支援、寄付などがそこに含まれます。

そして、「共助」は自分が必要なことをするために、制度を使うこととされ、介護保険、医療保険、自立支援などの制度がここに含まれるようになりました。最後の「公助」は制度を使ってもできないことは、公的機関を使うということで、いまや生活保護、権利擁護などが「公助」とされています。

増え続ける医療費、介護費をカバーするために、国民の負担が増えています。二〇一四年四月に八％になった消費税は、二〇一九年一〇月から一〇％になる予定です。医療保険の自己負担も、七四歳までの自己負担が二割になり、介護保険のほうも、二〇一五年八月から年金収入が二八〇万円以上の人は二割負担になりました。

介護保険サービスの見直しも進み、二〇一七年四月をめどに要支援の人は介護保険制度から地方自治体による「介護予防・日常生活支援総合事業（新しい総合事業）」に移り、家事支援については、自費とボランティアなどによる支え合い活動が中心になってきます。

特別養護老人ホーム（特養）の入居基準も「要介護3」以上になり、所得が低くても単身で一〇〇〇万円以上の預貯金がある人などは、低所得者向けの補助を打ち切られることになりました。こうした時代の中で高齢者はどう生き、どんな最期を迎えることができるのか。不安を感じる方は少なくないと思います。

人生はよく旅にたとえられますが、現代の六〇歳はまだまだ旅半ば。ゆるやかな下り坂の続く長い日々を、人生の「しまい方」を考えながら、どう自分らしく充実させて生きていくか、ということを実行していく時期です。

先行きに不安を感じる時代だからこそ、医療や介護、老後の見守りの「準備」は、元気なうちから考えていくことが大切です。その場になってからでは、間に合いません。そして、その準備が人生の締めくくりに向かって、自分らしい仕上げをしていく、ということに結びついていきます。

多くの人が、「ピンピン・コロリ」を望んでいますが、コロリと逝ける人はわずか二～三％。しかも、コロリと逝ける病気は脳卒中か心臓病ですから、逝けない場合は長い期間、障害を抱えて生きていくことになります。

そうした病気にかからずコロリと逝くためには、その直前まで健康でいなくてはいけません。長寿村と呼ばれる地域にはピンピン・コロリに近いお年寄りが多いのですが、そういう方は亡くなる少し前まで、農作業などの仕事をしています。健康に加えて、自分なりの「仕事」と「生きがい」をもつ。これが天寿をまっとうする大きな条件だと思います。

日本の人生一〇〇年時代

日本は「少子高齢化」の道を歩んでいますが、二〇一六年九月現在、日本の総人口は約一億二六九二万人。高齢者と呼ばれる六五歳以上は三四五八万人で、高齢者率は二七・三％（四人に一人以上）となりました。将来の人口推計を見ると、二〇五五年には二・五人に一人が高齢者になります。

では、日本人の平均寿命はというと、男性八〇・二一歳、女性八六・六一歳（二〇一三年）です。戦国時代には「人生五〇年」と言われました。この「人生五〇年」時代は戦後まもなくの一九四七年まで続きますが、その後の経済成長にともなって日本人の寿命は延び、一九七〇年代からは「人生八〇年」時代となりました。そして二〇一二年に国は「人生九〇年」を発表しました。

けれども、自宅や高齢者施設で介護を受けている高齢者を訪ねるたびに、つくづく思い知らされるのは、いまや「人生一〇〇年」を視野に入れて、人生を考えないといけない時代になってきた、ということです。

周囲を見回してみると、九〇歳を超えた方がたくさんいらっしゃいます。七〇代、八〇代の娘や息子が一〇〇歳以上の親を介護することも、珍しくなくなってきました。

おひとりさまの時代

この三〇年間で、高齢おひとりさまは三倍になりました。ひとり暮らし高齢者は現在約五〇〇万人、二〇年後には七六〇万人と推計されています。二〇年後、東京では六五歳以上の四四％

がおひとりさまになる、という推計が出ています。しかも、女性のほうがおひとりさまになる率は高く、現状でも六五歳以上の三五%は女性のおひとりさまです。高齢者施設に行くと、一見すると九割が女性じゃないかというくらい、女性の数が目立ちます。一〇〇歳以上はいまや六・五万人を超え、そのうちの五万人超が女性です。

近年は核家族化が進み、夫婦だけの世帯も多くなってきました。高齢世帯の四七%は老老介護の夫婦の世帯で、認知症の人が認知症の人を夫婦で支え合う認認介護も増えています。

八年前に『おひとりさまの「法律」』という本を出したあと、何人もの団塊世代の男性から「男性版出してよ」と言われました。考えてみれば、おひとりさまになったときの男性の困り具合いは、女性の比ではありません。

まず、女はひとりになっても、料理ができるので「食べること」には困らない。次に、夫を亡くしても、立ち直りが早い。男性のように妻のあとを追うように死ぬ……なんて、ことは……ありません。

ところで、人間の自立には四つの要素が必要です。①経済的自立、②精神的自立、そして③生活的自立、最後にからだを思うように動かせる④身体的自立です。

以前だったら、女性に欠けているのは経済的自立でした。しかし、今では経済的に自立している女性はたくさんいます。では、男性の場合、どこがいちばん弱いのか。

そう、精神的自立と生活的自立です。子どものときは、男性も女性も母親に依存しています。しかし、男性の場合、結婚してからは妻と会社に依存しがちなので、退職後、精神的な自立に欠ける人が目立ちます。しかも、男性の多くはご飯も自分ではつくれない……。

そこで、『男おひとりさま術』という本を書く前に、五〇歳以上の男性三〇〇人にアンケートを依頼しました。私がいちばん聞いてみたかったことのひとつは、「奥さんを亡くしたら、いちばん困ると思うことは何ですか」ということでした。

回答の選択は①食事　②掃除・洗濯　③時間の使い方　④健康　⑤孤独感　⑥その他　⑦困らない――の七つでしたが、もっとも多かったのが「孤独感」でした。二番目が食事を含めた家事です。料理をしない理由を聞いてみると、いちばん多かったのが「それは妻の仕事」という答え。「妻が嫌がる」「やってみたが能力がないのがわかった」「つくっても喜んでくれない」という答えも目につきました。

いっぽう、死別・離別の男おひとりさまにはこう聞きました。「奥さんを亡くしたとき、いちばん困ったことはなんでしたか？」。

答えは「孤独感」がダントツでしたが、実際に取材してみると、やはり食事で苦労していました。あとは遺品の整理に困った、という人も少なからずいました。女性はモノが多いので、残された人はその整理が大変です。

それから、お金の管理を妻にまかせていたので、妻が急死したあと、貸金庫の鍵と実印のありかがわからなくて往生した、という人もいました。高齢期に入ると夫婦の片方が急死する、ということもあります。大事なもののありかについては、夫婦間で情報共有をしておいていただくといいですね。

料理や家事が苦手、それに加えて男性の多くは、妻に看取られて、あの世に送ってもらえる、と思っています。自分の老後のことなど、見たくない、聞きたくない、考えたくないという人がたくさんいるので、そういう男性には、私はこう言っています。「いつまでも、あると思うな、妻と健康」。

というわけで、ある日突然、おひとりさまになるかもしれないのは、女性ばかりではありません。八〇代になれば男性も三人に一人がおひとりさまです。

平均寿命よりも健康寿命

老後の不安を、内閣府が六〇歳以上のシニアに聞きました。老後の不安の一位は「健康」です。そして、「お金」「孤独」と続きます。

最近、平均寿命よりも注目されているのが、健康寿命です。健康寿命とは、日常的に介護を必要としないで、自立した生活ができる生存期間のこと。平均寿命から健康な生活ができない期間を引いた数が健康寿命になります。

日本人は健康寿命も世界一で、二〇一三年の平均健康寿命は男性が七〇・四二歳、女性が七三・六二歳でした。けれども、平均寿命は男性八〇・二一歳、女性八六・六一歳ですから、平均寿命と健康寿命を比べると、男性では九・一三年、女性では一二・六八年の差があります。

実はこの間が日常生活に差し障りのある「不健康な期間」で、「介護のお世話」になる人も出てきます。現在、要介護・要支援認定を受けているのは約六〇〇万人。高齢者の約一八％です。

団塊の世代が七五歳を迎える二〇二五年には高齢者の四人に一人が介護を受けると推計されていますが、現在、介護を受けている人が一八％と聞くと、「意外に少ない」という感想をもたれる方もいらっしゃるかもしれません。

それは六〇代、七〇代ではまだ介護を受ける人が少ないからです。しかし、八〇歳代前半で約三割、八〇代後半以降になると、高齢者の半分以上が介護を必要とするようになります。

介護が必要になる三大原因は脳梗塞、脳出血などの脳血管疾患、その次に来るのが認知症と老衰です。介護の原因ナンバーワンの脳血管疾患は、生活習慣病（高血圧、高脂血症、高血糖）が原因です。

高齢前期と後期では要介護になる原因が異なります。前期では脳血管疾患、後期では老衰、認知症、転倒骨折が増えてきます。

要介護になる原因も男女で異なります。男性は脳血管疾患（生活習慣病）、女性は転倒骨折、関節疾患（骨と筋肉の老化）と認知症。

つまり、介護のお世話にならないようにするためには、男性はメタボ（生活習慣病）、女性は骨の健康とロコモ（ロコモーティブ・シンドローム＝運動機能低下症候群）に気をつける。そうすれば、要介護になるリスクが減ってくる、ということになります。

年齢による認知症の増加

そして、誰もがいちばんなりたくないと思っている認知症は、現在、四六〇万人の認知症の人がいて、四〇〇万人が予備軍と言われています。六五歳以上の四人に一人と、誰でもなる可能性のある認知症の最大の原因は加齢です。

認知症の有病率は七四歳以下では一〇％以下ですが、八五歳以上では四割超。九五歳を超えると六割～七割の人が認知症、というデータもあります。しかも、認知症になる可能性を見ると、女性は男性の二倍です。

認知症は「誰でもなりうる」病気ですから、病気を理解して、認知症の人にやさしい社会をつくっていくことが必要です。そして、自分が認知症になったときのことも考え「事前指示書」を書いたり、認知症の人を守る成年後見制度についても学んでおきたいものです。

いっぽう、日本人の死亡原因の第一位はがんで、三割の人ががんで亡くなっています。二位は心臓疾患（心筋梗塞、狭心症など）、三位は長年、脳血管疾患でした。しかし、二〇一四年、その三位が「肺炎」に入れ替わりました。原因は高齢者数の増加で、九〇歳以上の死因は一位が心疾患、二位が誤嚥性肺炎です。

年齢を重ねるごとに増えてくるのが、「人生、何が起こるかわからない」ということです。これはどんな世代にも言えますが、年を取れば取るほど、不確定要素は増えてきます。そこで大切になってくるのが、ある日突然、予想しないことが起こっても慌てないための「備え」です。

おひとりさまの終活に必要な三つの力

人生一〇〇年時代の「備え」を考えるために、『おひとりさまの終活』という本を書きました。「終活」というのはふつう、遺言を書いたり、自分の葬儀やお墓のことなどを事前に決めておくといった、自分が死んだあとに向けての準備活動とされています。でも、私は思いました。そんな死後のことより大切なことは、「そこそこ、いい人生だった」と納得して旅立てるよう、生きている今の時間を充実させ、人生の仕上げをしていく。それが本当の人生の終活なんじゃないかと。

具体的に「自分らしい〝いい日旅立ち〟」をするためには、どんな準備をしたらいいのか……。友人の介護を通じて、私は住民・介護家族の視点で地域ケアを考える講座活動に関わるようになりました。そこで学び取ったキーワードが三つあります。医療や介護を受ける当事者&介護家族予備軍としての力をつける「自分力」、支えてくれる友人、知人などをもつ「人もち力」、そして、地域ぐるみでケアを支えていく「地域力」です。

「自分力」の基本を考えるために、元気で長生きしている人の共通項を探してみました。「記憶力がたしか」「自立心がある」「好奇心が旺盛」「長年の趣味がある」「適度な運動をしている」「言いたいことを言っている」「指先を使っている」「感謝の気持ちを忘れない」「食べ物の好き嫌いがない」などです。

この共通項にはさらに共通項があります。それは長生きする人は、脳を楽しく活性化している、ということです。つまり、適度な「運動」とバランスのいい「食生活」、そして「脳の活性化」が長寿の要素で、それが「記憶力」「自立心」「好奇心」といった「自分力」につながってくることがわかります。

長寿村と呼ばれるところを訪ねてみると、お年寄りがとても働き者なのに気づきます。農作業ができない冬場でも、漬物作りを楽しんだり、指先を使っていろんな仕事をしています。それからみんなで集まって、お茶を飲んでよくしゃべる。聞いていると話題はまったくかみ合っていませんが、お互いに言いたい放題しゃべって、よく笑っています。

先年、九〇歳で亡くなった精神科医の斎藤茂太さんは、シニア世代の原動力は①友だちが多いこと、②前向きなこと、③他人のせいにしないこと、④趣味をもつこと、の四つが基本だと言っていました。

「友だちが多いこと」というのは、まさに「人もち力」です。「前向きなこと」と「他人のせいにしないこと」というのは、「自分力」です。自分でできることも人まかせにしていると、「自分力」がつかないだけではなく、不満ばかりが出てきます。病院に入院すると廃用症候群という症状が出やすくなるように、頭も体も使わないとダメになってしまいます。

そして茂太さんは、この中でいちばん大切なのは「趣味をもつこと」だ、と言っていました。趣味をもてば「自分力」と「人もち力」の両方を伸ばしていくことができるからです。

この話は認知症の予防にもつながります。認知症予防財団による「認知症予防一〇か条」を見ると、「運動」「食生活」「脳の活性化」がキーワードになっていて、認知症予防も「自分力」と「人もち力」なのだと考えさせてくれるでしょう。これに「いい睡眠」を入れると、すべての健康法につながります。

自分らしい終活のための一〇か条

自分らしい終末期に向かって、人生の「終活」をしていくために、健康・介護・医療を中心にした「自分らしい終活のための一〇か条」をつくってみました。ここでのキーワードも、「自分力」「人もち力」「地域力」です。

老後の備えは、当たり前のことですが健康なからだを保つことから始まります。その基本は、まず自分のからだを知ることです。若いころは健康自慢でも、五〇歳を過ぎるとその「健康」に自信がなくなってくる。

そういう年齢になったからこそ、自分の体調をちゃんと知っておくことが大切です。年に一度の健康診断だけではなく、押し入れで眠っている血圧計を取り出して、定期的に血圧を測る。血圧だけではなく、体温や体重も定期的に測る習慣をつけましょう。

さらに、朝起きたときの顔色はどうか、便や尿の状態、よく寝られているか、食欲はどうか？といったことを、できるだけ自分で日常的にチェックしたいものです。

そんなふうに、普段の体調のチェックを習慣づけておけば、からだの変化があったときには本やインターネットなどで調べ、「これは、やっぱり病院に行ったほうがいいかな」という判断ができますし、なによりも病院で医師にきちんと自分の症状を説明することができる「患者力」につながります。

ですから、一〇か条の一は「自分のからだの声に耳を傾ける」。からだはちゃんと「おかしいぞ」と教えてくれますから、まずは普段の自分のからだの調子を知る。そして「変だな」と感じたら調べ、かかりつけ医に相談する、といった流れを自分でつくっておくことが大切です。

一〇か条の二は「かかりつけ医をつくる」。日ごろからからだの状態を診ている医師がいれば、認知症の兆候が出たときに、真っ先に気づいてくれるかもしれません。通院ができなくなったときには、かかりつけ医に往診してもらう、ということも出てくるでしょう。

さらに要介護認定を取るときや、更新するときの意見書には、かかりつけ医が必要です。かかりつけ医がいなかったために、要介護認定を申請するとき、医師の意見書が用意できなくて困った、という話はよく聞きます。そして最後に、亡くなったとき。かかりつけ医がいないと死亡診断書が書けないので、警察を呼んで検死を受けないといけなくなります。

いいかかりつけ医の存在は、とくに高齢期に入ってくると、とても重要なものになってきます。高齢者の場合は内科医で認知症のことを勉強している医師、できれば往診や訪問診療をしてくれる医師を、かかりつけ医にすることをお勧めします。

いいかかりつけ医を見つけるポイントを挙げておきます。①遠くの大病院よりも近くの診療所で、②相性のいいドクターを選ぶ、③わかりやすい言葉で説明してくれる医師、④新しい医療を勉強している医師。

かかりつけ医と親しく話ができるようになったら、冗談めかして、「先生、通院できなくなったら、往診をしていただけますか」とか「いざとなったら、看取りをしていただけますか」と聞いてみるのもいいですね。

制度を知って行政のサービスを使いこなす

一〇か条の三は「介護保険を知る」。介護というのは、ある日突然やってきますから、役所や地域包括支援センターから介護保険についてのパンフレットをもらってきて、流れだけは何となく覚えておくといいでしょう。地域包括支援センターというのは高齢者に関するワンストップサービスです。

介護は先が見えない、長いトンネルのようなもの。家族だけで介護をしていると、疲れ果ててしまいます。医療保険や介護保険のサービスは、国の財政負担を軽減するために、次第にやせ細っていきますが、やせても枯れても医療保険・介護保険です。私たち利用者も社会保障について学び、必要なサービスを上手に使っていく必要があります。

ケアを受けるということは、別の見方をすれば、見守りが厚くなるということです。ヘルパーが入るのが週に一回ならば、残りの日の見守りをどうするか、ということも考えるようになる。介護保険のデイサービスや行政のサービス、民間、地域、友人の輪など、見守りのネットワークを広げていけば、それが安心感につながっていきます。

一〇か条の四は「行政のサービスを使いこなす」。行政のサービスも知っておきましょう。医療に高額療養費制度があるように、介護保険の利用料も、収入によって利用料を少なくする「高額介護サービス費」という、支払いの上限を設けた制度があります。

しかし、日本ではすべてが申請主義で、どんなサービスも申請をしないとサービスが受けられません。情報源はいろいろありますが、とくに広報誌は市区町村のサービスを知るための宝の山です。情報を自分で探したり、相談することを習慣にしていれば、こういうときにはこういう方法があるのか、と皆さん自身の底力も次第についてきます。

一〇か条の五は「成年後見制度を知る」。認知症の人は、これからさらに増えていくと言われています。認知症になった場合、いちばん困るのはお金の管理です。それを支援するために一二年前、介護保険と同時に、この制度がつくられました。

詳しいことが知りたい方は、地域包括支援センター、社会福祉協議会の成年後見センターなどに問い合わせてください。

遺言や事前指示を書いておく

一〇か条の六は「遺言や事前指示を書いておく」。遺言というのはトラブルを残さないための大切な方法ですが、「書きたい」という要望は高くても、実際に遺言を書いている人は、その二〜三%です。

遺産をめぐってトラブルが多いのは、お金もちではありません。実際には家とわずかな預貯金しかない家庭のほうがトラブルは多く、一〇〇万円どころか、数万円で家族がもめることもあると聞きます。

ですから、お金のある方もない方も、あとを濁さずに旅立つためには、自分の遺言や「こうしてほしい」というリクエストを書いて、自分の意思を伝えるようにしてください。

とくに相続人のいないおひとりさまの場合は、遺言がないと財産はすべて国のものになってしまいます。寄付をしたい、特定の人にあげたい、という意思があったら、ちゃんと遺言を書いておくことをお勧めします。

そして、最近、注目されているのが「人生の最終段階における医療の事前指示」です。「胃ろうをしたくない」とか、「延命治療をしたくない」といった希望をかなえてほしいと思ったら、事前指示を書いておくか、家族で話し合っておきましょう。とくに認知症になったときや、意識不明になったときは、自分の意思を告げることができません。自分らしい人生の終わり方を伝える「事前指示」はとても大切なものになってきます。

緊急医療情報を用意する

一〇か条の七は「緊急医療情報を用意しておく」です。いまあちこちの自治体で、自宅の冷蔵庫に保管して、救急車を呼んだとき救急隊員に取り出してもらう「緊急医療情報キット」が導入されています。

緊急時の医療情報、というのは、ひとり暮らしでなくとも必要なものです。だから、必要な医療情報を一枚のカードに書き込み、お薬情報や診察カードのコピー、健康保険証のコピーなどと一緒に、プラスチック容器に入れ、冷蔵庫に保管しておく。

冷蔵庫というのが目からうろこです。というのは、情報は目につくところに置いておかないと、救急隊員が取り出せない。けれども、個人情報だから玄関に貼っておくのも不安です。その点、冷蔵庫というのはどこの家庭にもあって、開けないと取り出せません。

救急隊員を手配する消防署との連携があれば、費用もほとんどかかりません。皆さんの地域でまだ導入してなかったら、「導入してほしい」という声をあげてください。

「緊急医療情報キット」が自宅にあっても、外で事故にあったときには役に立ちません。そこでお財布に入る医療情報カードをつくりました。書いてあるのは、住所・氏名、現在かかっている病気、服用薬、アレルギー反応、血液型、既往症、手術歴、健康保険者番号、かかりつけ医の連絡先、緊急時の連絡先などです。小さなサイズのカードでもいろんな情報が書き込めますし、その情報が命を救ってくれます。

とくに、一刻一秒を争う緊急時には、私たちがかかっている病気や、飲んでいる薬の種類、アレルギー反応、血液型がわかれば、すぐさま処置にかかれます。とりあえずこの程度のカードは自分ひとりでもつくれますので、皆さんも、自分用の緊急医療情報カードをつくってみたらいかがでしょうか。

在宅医療について知っておく

一〇か条の八は「在宅医療について知っておく」。医療費は増え続けるし、おひとりさまや老老介護も増えていく。これでは国の財政が破たんすると、国は「病院から在宅」への流れを決め、各自治体は「地域包括ケアシステム」をつくろうとして模索しています。

これは簡単に言うと、これまでつながっていなかった介護と医療、在宅医療と病院、自宅や病院と施設、そして住民を含めた地域をつないで、本人と家族を支えていくということです。地域包括ケアなんて言っても、よくわからないので、私は「地域まるごとケア」と呼んでいます。

私はこの七年間、東京の世田谷区で「在宅ケア」に関する講座を催してきました。そこで学んだことは、医療と看護介護がチームを組んで患者と家族を支え、友人、知人と地域の人たちがそれを支援していけば、おひとりさまでも最期まで自宅に住み続けることができる、ということです。

本を書くために、都内各地のお医者さんや訪問看護師さんに往診同行をお願いして、一五〇件近くのお宅を訪問しました。私は同行させてくださったドクターたちに、「在宅ひとり死は可能でしょうか」と必ずお聞きするのですが、「可能ですよ。認知症はちょっとハードルが高いけどね」という答えが返ってきます。実際にドクターたちは認知症を含めたおひとりさまの患者さんを、自宅で何人も看取っていらっしゃいます。

在宅医療というのは、私たちが通院できなくなったら、自宅に訪問してくれる医療です。高齢者ばかりでなく、子どもから高齢者、慢性疾患から難病、末期がんまで、どんな状態、どんな病気にも対応しています。

先端医療や手術は自宅ではできませんが、それ以外では、自宅でできることがたくさんあります。在宅医療というと「看取り」のことばかりがクローズアップされていますが、在宅医療は認知症や慢性疾患などのある人がよりよく生き、穏やかな看取りを迎えるための医療です。「最期まで在宅」を望む方には、ぜひ知っておいていただきたいと思います。

「人もち力」を「地域力」に

一〇か条の九は「人もち力をつくる」。地域包括ケアについてお話しましたが、これからは地域ぐるみで医療や介護を支えていかないと、たちゆかなくなる時代です。そこで必要になってくるのが「地域力」です。

家族の力だけで、介護を支えることは不可能です。公的なサービスだけでは十分とは言えません。だから、地域のさまざまな支援、人的資源の存在が必要となってきます。

それをつなげていくのが、「おたがいさま」のこころです。自分が元気なときは元気ではない人を支え、自分が元気でなくなったら元気な人に支えてもらう。私たち自身がそういう「おたがいさま」のこころで支え合わないと、今ある医療・介護・福祉を、次の世代につなげていくことができません。

そこで大切になってくるのが人。人は私たちが老後を生きていくための大切な社会資源で、人のちからが地域のちからをつくっていきます。皆さんが「おたがいさま」のこころで、自分ができるちょっとずつのおせっかいを、自分のできるところでし、社会資源としての高齢者になっていけば、これからの社会も、もう少し生きやすくなってくるはずです。

そして一〇か条の一〇番目は「自分らしいケアネットをつくる」。これからの人生を自分らしく生きるためには、皆さん一人ひとりが自分の健康状態と予算、生活環境に合わせた、ケアのネットワークを、これまでお話したような「自分力」「人もち力」でつくっていくことが大切です。そして、そうしたものが積み上がっていけば、ケアのちからが「地域力」として花開いていくでしょう。

見守りやケアの方法はひとつだけではありません。そして、見守りやケアは受けるだけではなく、自分自身でもするものです。

これからの超・超高齢社会、次世代に希望をつないでいけるかどうか、問われているのは私たち自身です。

第三章　死生観なき時代の死の受容
—スピリチュアルケアとしての先祖祭祀から自然・墓友へ—

井上治代

はじめに

終活の中で、最も難しい課題は「死の受容」ではないでしょうか。特に一人称の死（自分の死）は誰も経験した人がいないだけに、この未知の世界に畏怖の念を抱いている人は多いことでしょう。死に向かうための哲学および宗教観を持てるか否か、それは自己の死の受容に大きな違いをもたらすと思われます。

本章では、私が日ごろ終活講座で話している内容の一部を取り上げ、それらが一人称の死の受容に効果的であることを、スピリチュアルケアという概念を使って説明してみたいと思います。

「帰着が死」という、逃れようのない構図を生まれながらに負い持つ人間。だからこそ、人間が「生きる」という行為には、少なくとも人間として存在することの意味や喜びが見出されていなければならない。こういった人間の存在や尊厳といったレベルの感覚世界をスピリチュアルな感覚世界と言うことにしたい。人間が生きる意味を失い、尊厳を失ったとき、あるいは自己の魂が疲弊するようなとき、人間はスピリチュアルな痛みを感じる。それが癒されるためには、スピリチュアルなケアが必要であると言えるでしょう。

本章では、まず日本人が死後の世界をどう捉えてきたか、どのような死生観を持ってきたかについて語り、その現代的変容を捉えながら、伝統的な先祖祭祀がスピリチュアルケアの要素を内包していたこと、そして現代社会のスピリチュアルケアとして樹木葬墓地「桜葬」を核とする試みを取り上げながら、死生観が生成しにくい現代社会にあって、セルフ・スピリチュアルケアの具体例を提案します。終活の究極の目的は死の受容、死ぬその瞬間まで輝いて生きる、そんな提案をしたいと思います。

一　伝統的な死生観にみるスピリチュアルケア

スピリチュアルペインとケア

「スピリチュアル」の語は近年よく聞かれるようになりました。マスメディアではかなり広範囲な意味で取り上げられていますが、特に「ＷＨＯ（世界保健機関）憲章」における「健康」の定義の改正案に盛り込まれたことは注目されました。従来の健康の定義では、肉体的健康、精神的健康、社会的健康といった三つの要素が重視されてきましたが、一九九八年に「スピリチュアルな健康」という要素を加えることが提案されました。それは、人間の尊厳の確保や生活の質を考えるために必要で、人間の本質的なものという観点から提案されたと言われています。

一方、緩和医療の臨床では近年、スピリチュアルペインとスピリチュアルケアといった言葉と概念が重要視されています。村田久行氏（NPO法人対人援助・スピリチュアルケア研究会理事長）は、末期がん患者のスピリチュアルペインを取り上げ、それを「自己の存在と意味の消滅から生じる苦痛」と定義し、スピリチュアルペインを人間存在の時間性、関係性、自律性と三つの次元から分析しました。つまり、私なりに解釈しますと、こういうことだと思います。人は亡くなると同時に過去が消え、将来も失います。そう考えると現在の生きる意味を見出せなくなり、こころが痛みます。これがスピリチュアルペインにおける時間性です。また人は亡くなると他者との関係性が断たれ、そのことによって自己の存在が喪失し、深いこころの痛みを感じます。これは関係性の喪失からくる痛みです。さらに、寝たきりになったりして自分で何もできなくなると無価値感・依存・負担を感じ、自律性を喪失した状態になり、生きる意味を失います。

村田氏は『日本ペインクリニック学会誌』(vol.18 (2011) No.1, pp.1-8) の中で、これらのスピリチュアルペインに対するケアとして、「死をも超えた時間性の回復」「死をも超えた関係性の回復」「自律性の回復」の三点をあげています。

この村田氏の言うスピリチュアルケアは、終末期がん患者を対象とした緩和医療における臨床からのアプローチですが、この概念はもっと広い視野で捉えることができます。実は伝統的な葬送儀礼にもスピリチュアルケアを見出すことができる、というのが私の持論です。

伝統的な葬祭

近年まで、日本人の多くは「死んだら家の先祖になって、代々の子孫によってまつられていく」という死生観を持っていました。私は、ここにスピリチュアルケアという概念を当てはめてみたいと思います。

日本では死者へのケア全般をさす言葉として「葬祭」の語があります。葬祭業者といったら葬儀社だけではなく、仏壇や仏具を販売する業者も入ります。「葬祭」は日本の死者ケアの特徴を表す言葉で、日本人の多くは、「葬」式という一過性の儀式だけでは終わらず、その後に

「祭」、すなわち死後何年も続く「死者をまつる」という行為（年忌）を行っています。この考えは、一つには日本古来の民間信仰である「祖霊信仰」に由来していると言われています。

古来日本では、人が亡くなると、肉体から霊魂が遊離し（霊肉分離）、亡くなって間もない霊魂は荒ぶれており、不安定な霊魂であると考えられていました。それを子孫が何年にもわたって供養することによって、その霊が静まり、やがて子孫を加護するような祖霊に昇華していくと。これを「死霊から祖霊化へのプロセス」と言います。それが現在にも残る回忌法要にも見てとれます。

ところで、インドで生まれた仏教は、中陰すなわち四九日までしか想定されていないことはご存知でしょうか。本来の仏教で三三回忌などあろうはずがないのです。それがなぜ日本にあるのか。それは日本仏教が、民衆に布教するさいに、すでに根付いていた死生観を取り込んで仏事化していったからなのです。

三三回忌を過ぎると死者の霊は、「弔い上げ」といって、個としてのまつりを打ち切られ「家のご先祖さま」という不特定多数の祖霊の域に入っていきます。この死霊から祖霊化へのプロセスについて、もう少し触れたいと思います。

死後のライフサイクル

『祖先崇拝のシンボリズム』（オームス・ヘルマン著、弘文堂、一九八七年）という本の中に、「死後のライフサイクル」という言葉が出てきます。外国人であるヘルマン氏は、日本人は、死ぬとそのときから死後の歳が意識されている、と指摘します。

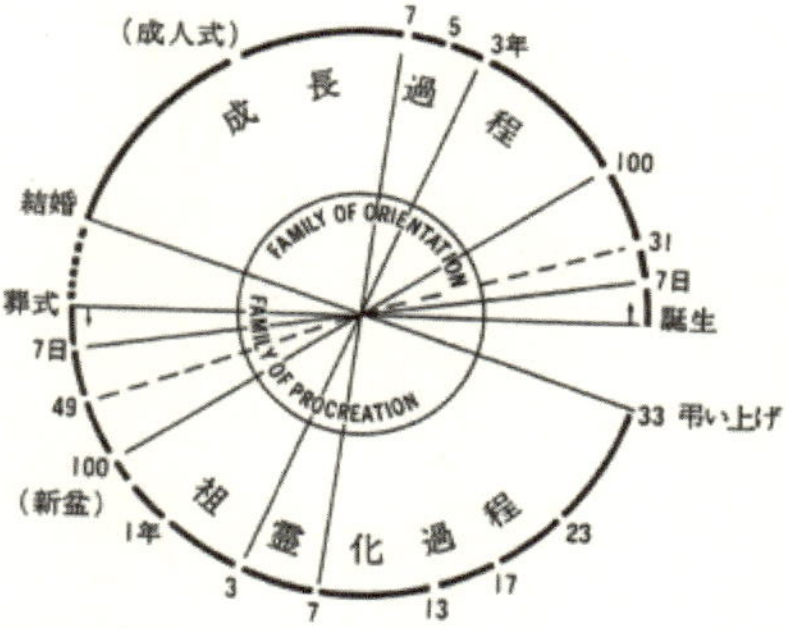

死後のライフサイクル
（『祖先崇拝のシンボリズム』（弘文堂）より）

人の生には、出生・成長・成熟・老衰・死亡などの生命現象に規定された規則的な推移、つまりライフサイクルがあります。日本人には、死後にもこの「ライフサイクル」があって、人は亡くなっても歳をとりながら家族（子孫）と関わっていく「死後の生」が想定されています。そのサイクルとは、先に書いた「死霊から祖霊化へのプロセス」であります。

日本人の多くは、死ぬと、子孫によって一周忌、三回忌、七回忌、といった年忌が続けられてきました。私たちは死ぬとそのときから、死後の歳が数えられ意識されます。まるで生前に、一歳、二歳と歳を数えるのと同じように、死後の生が想定されているのです。そして、やがて生前の死亡と同様に、死後の生にも区切りがやってくる。それが先にも説明しましたが「弔い上げ」です。個性を持った個人としての法要が打ち切られ、それ以降は不特定多数の「家のご先祖さま」としてまつられていきます。

先祖祭祀はスピリチュアルケアだった！

日本人の伝統的な死生観として「死んだら先祖になる」という話をしてきました。私はそこにこそ、スピリチュアルケアが見てとれると思っています。つまり、日本人の死後には死を超えた生が想定され、まさしくそこに村田氏があげるところのスピリチュアルケアの構造があるからです。

死後に先祖になってその後の存在が意識されていくことは「死をも超えた時間性」にあたります。また、死ぬと人間関係がそこで終了するのでなく、子孫から尊敬されつつ墓や仏壇という場で「家の先祖」としてまつられ、関係は続いていく。しかも線香はもちろんのこと毎日生きている人と同様にご飯や水等が供えられている。これは村田氏の言う「死後も続く関係性」

にあたると言えるでしょう。また、生者による家規範が働いているため、儀礼に死者自身手を出すことはできませんが、生者の「先祖をまつる」という行為を通して、死者が思っていた通りに遂行されていきます。

このように先祖祭祀はスピリチュアルケアの要素を十分に含んでいたと言うことができるでしょう。日本では、死をも超えた生が想定され（時間性）、「家」の先祖としてまつられるという、死後も続く子孫との関係性が想定され（関係性）、自分が手を下せなくても子孫の「家」規範によって儀礼を実現させることができました（自律性）。

薄れゆく伝統的な死生観

しかし近年、葬式では儀礼を行わずに火葬だけで済ませる「直葬」が増加したり、お墓でも跡継ぎを確保することが困難になって祭祀継承者が途絶えたりしています。それはとりもなおさず、これまでの日本社会にあった、人が死を受容するためのケアシステムが崩壊しつつあると言えるのではないでしょうか。

鶴岡賀雄氏（東京大学大学院教授・哲学者）は、さまざまな宗教の観点から、かつての死生観を次のように言っています。「肉体の死後、（肉体とは区別された）「魂」は、天国に、地獄に、あるいは煉獄に行く。あるいは、この世へ、ないしは高次・低次の霊界へと輪廻転生する。あるいは、先祖・祖先となって、この世のさまざまな遠近差をもつ「あの世」に留まる。あるいは、時が来てこの世に復活する。あるいは、この世界自体から決定的に離脱・解脱する。あるいは、この世界を包み超える大きな宇宙のいのちのようなものに溶け込んでいく……。これらが、死後についての人類の宗教的思考の遺産の主なものだろう」と。そしてまた「こうした、かつては大きな力があった「死後」世界のイメージ、さらには「生死を超える」次元のリアリティが見失われていく時代が近代である」と（鶴岡賀雄『死生学年報』二〇一三年）。

私もまったく同感です。さらに私は、伝統的な死生観が社会変動とともに希薄化する一方で、実はそれに代わる「代替システム」が登場していることを、事例をあげて述べていくことにしたいと思います。

二　エンディングセンター「桜葬」の試み

「桜葬」墓地とその特徴

私は社会のあり方や変化、人間の関係性などを読み解く学問領域である社会学を専攻しています。そして自分の研究の成果を実践する場であり社会還元する場を持って生きたいと思って来ました。その具現化したものが、「桜葬」墓地を核として展開している認定ＮＰＯ法人エンディングセンター（理事長・筆者）という組織とその活動です。当該団体は、尊厳ある死と葬送の実現をめざすことを理念にあげています。

二〇〇五年、桜をシンボルとした樹木葬の一種である「桜葬」墓地を、エンディングセンターの企画によって、東京都町田市の町田いずみ浄苑内に実現させ、二〇一一年には大阪府高槻市の神峯山寺境内にも開設しました。

その桜葬墓地の特徴は、三つあげられます。一つは、墓石を使わず遺骨を土に還すという「自然志向」であること。二つめは、跡継ぎを必要としない非継承墓であること。三つめは、会員

桜葬墓地「風の旅人」

制をとり、会員どうしの生前の活動を重視し、家族機能に代替するサポートシステムを備えていることです。

この三つめの特徴では、これまでのお墓にない特筆すべき点を持っています。多死社会・無縁社会と言われている現代社会にあって、家族機能が衰退した社会に対応したシステムです。一九九〇年に設立したエンディングセンター前身の市民団体「21世紀の結縁と葬送を考える会」のときから、その理念の一つを「血縁から結縁へ」の移行としてきました。家族や親族という血縁だけでは担いきれない社会が到来する。だからこそ介護・看取り・死後の祭祀は、家族を含むけれども第三者と縁を結ぶことによる相互扶助が重要になってくると考えていたからです。理念は「血縁から結縁へ」という言葉で表現してきましたが、実際にできあ

桜葬メモリアル（合同祭祀）

がった絆と関係性は、自ら「墓友」と呼んだり、他者からそう呼ばれたりしています。

これとは別に、親族によって喪主を確保できない人たちのために「葬儀および死後の事務処理」等を家族に代わって担うエンディングサポート・システムを備えています。

「集合墓」である意味―ゆるやかな共同性―

桜葬墓地は、桜の木のもとに個別区画があって、それが隣どうしくっついて一つの墓域を形成するという「集合墓」の形をとっています。その個別区画には、伝統墓のような墓石は立てず、近くに共同の銘板を置いて名前を刻みます。それは誰が埋葬されているかまったくわからない「匿名」ではなく、だいたいあの辺に誰が眠っているということがわかる形式。それを私は半分匿名の意味の「半匿名性」と言っています。

「集合墓」にした意味は、二つあります。その一つは、継承を前提としない墓に適した形態であること。すなわち、区画がまとまっていると管理がしやすいということがあります。またもう一つは、「ゆるやかな共同性」が生まれやすい形態であることです。

マンションのように個別の占有する部屋を持ちつつ、それがくっついて一つの建物になる集合住宅と同様に、桜葬墓地は、個別区画としての使用権を持ちながらそれらが隣接して一つの墓域を作るので、継承者がいない区画があっても皆で守っていくことができるのです。またさらに、この一つの墓域を作るところに「皆が一緒」という意識の醸成が可能になってきます。

桜をシンボルとして集まった隣どうしが、墓を核として縁を結ぶ。「死んだらみな、あのお墓に入る仲間たち」という、家族を超えた絆が生まれ、それは「墓友」と呼ばれています。この特徴を私は「ゆるやかな共同性」と言っています。自主サークルもでき、語り合いの会もある。終活講座から食事会や音楽会、旅行に行く人たちまで出てきています。

また、桜葬では、桜の咲くころ皆が集まって「桜葬メモリアル」という合同祭祀を行っています。たとえ身内がいなくても、墓を同じくする仲間とともに祭祀されていきます。家族も含みつつ、しかし家族という単位に縛られない。一本の桜の木の下に皆で眠り、皆が集う。家族を超えた「結縁」がそこにあります。

三　現代に求められる墓を核とした絆「墓友」

ここまで読み進んでくると、こういった「墓友」活動が一般のサークル活動とどう違うのか、お知りになりたいのではないでしょうか。

エンディングセンターでは、桜葬墓地から一〇分ぐらいのところに「もう一つの我が家」と名付けた一軒家を設けています。そこは会員の活動の場で、皆が食材を持ち寄り、料理をして食べて、歌をうたって楽しむという「作ってランチ・歌ってラ・ラ・ラ」という集まりや、本音で話す「おひとりさまの語りあいの会」、書道や俳句などのサークル活動、その他「夕涼み会」「忘年会」などが開かれています。そこで拾った話や、その他の所で話されていた会話を紹介しながら、「墓友」は他と「何が違うのか」についてお話ししたいと思います。

家族の代替―最後は独居になる核家族に必要な温もり―

夫を亡くした妻は「作ってランチ・歌ってラ・ラ・ラ」の会で、次のように語っています。
「夫を亡くしてからずっと気が滅入り、食欲がありません。三年が経つ今もまだ。だけどこうした集まりに声をかけてもらい、参加し始めました。ここではいっぱい食べられる。皆でご飯を食べるのは本当に楽しい。もう一つの我が家や墓友活動があって良かった」「一人でいると空しいけど、ここで食べると美味しい。ここで仲良くした人とは死後も一緒だと思うと、よけいにうれしい」

かつて子どもがいて賑わっていた「我が家」は、子どもが巣立ったあとは長いこと夫婦だけになる。それでも、毎日言葉を交わし助け合って暮らしてきた。が、夫婦の一方の死によって居住空間に人が誰もいなくなる。実際の「我が家」では一人暮らし、しかし月に一回「もう一つの我が家」という会員の家で、「一つ屋根の下、皆一緒にご飯を食べる」。そんなごく日常の幸せが、とってもうれしいのです。人の温もりがよみがえり元気をもらって一人暮らしの我が家に帰っていく。「また皆と会えるから、一人でも頑張れる」と思えるのです。

三世代同居の家族では必要なかったことですが、最晩年が「独居」を余儀なくされる核家族では、その時期をどう生きるか、今まさに問われているのです。墓友は、そんな家族機能が低下した部分を「お互いさま」の精神で、言葉に出さずとも感じ合える集まりになっています。

死後同じところに眠るという絆

同じく「作ってランチ・歌ってラ・ラ・ラ」の会で、次のように語った人がいました。

「普通の集まりですと〝どちらからいらしたのですか〟と聞くけれど、この会では〝お墓はどちらですか〟って聞くんですね（桜葬にはいくつかのエリアがあるので、その人の場所を聞く）。この人は死んだらあすこに眠るんだなあって。私の方が早い場合はよろしくね、なんてことを言っている。眠る場所が同じっていう気持ちが無意識の中で働いている」「あの世に行ってから、ご近所なんですよ、みんな」

これらを読むと、墓を核とした「墓友」という意味がおわかりでしょう。また、別の場所で行われた「語りあいの会」やサークル活動の中で、次のような話が拾えました。

「初めて参加したとき、全然、初めてという感じがしないの」「初めて会った人でも、そこ（桜葬墓地）に入るということがわかっている相手は、のっけからガードがなくなるんです。

氏素性がわかるってみたいにね。それはすごい安心」「同じ墓を選んだ同じ価値観を持つ仲間という安心感がある」「近所や親子、友人でも話せない〝いかに死ぬかということ〟を本音で語り合える。こんな仲間って他にないですよ」

このように、皆をつないでいるものは、同じ墓を選んだ同じ価値観を持つ仲間という安心感です。そして最後は皆一緒に眠るという気持ち。あるサークルの人たちは、それぞれの家族や経歴に立ち入らない。「個人と個人の、今のまま。そぎ落とした上でのおつきあい。家族の居間のようにみんなで集まり楽しい時を過ごして、それぞれの部屋に帰っていくんだね。この雰囲気のまま向こうに行きたいね」と語っています。

四　「桜葬・墓友・死後のしかけ」はスピリチュアルケア

さて、ここから本章の主題に入っていきたいと思います。先に、伝統的な死生観のもとに行われていた先祖祭祀にスピリチュアルケアの要素があることに触れました。スピリチュアルペインとは「自己の存在と生きる意味」が失われたときに感じる痛みで、スピリチュアルケアは

「死をも超えた時間性の回復」「死をも超えた関係性の回復」「自律性の回復」にコミットメントすることでした。実は、核家族化が進み、家や先祖意識が薄れたあとの社会に現れた、「桜葬」とそこに集まる人々の墓友活動の中に、まさしくスピリチュアルケアが存在するといったことに言及していきたいと思います。

ちなみに「墓友」とは、同じ墓（桜葬）を選んだ人たちの交友関係の一つ、あるいはその仲間意識を言います。それはエンディングセンターの理念「血縁から結縁へ」が具現化したもので、今では社会に広まりのある言葉となりました。家族だけで介護や看取り、死者祭祀が担いきれない社会に、家族も含むが家族以外の人々との縁づくり（結縁）をしています。伝統社会のような、権利と義務といった強固なつながりの「共同体」ではなく、墓を核とした「ゆるやかな共同性」がその特徴です。同じ墓を核とした人々の絆とそこから生まれる信頼、「お互いさま」の助け合いの精神は、今話題のソーシャルキャピタル（社会関係資本）に通じるものがあります[1]。

桜になる、自然に守られる―死をも超えた時間―

エンディングセンターで行っている「語りあいの会」で聞いた七〇代・女性の声を紹介します。彼女は単身で、エンディングセンターとは死後の葬儀や事務処理を託す契約をしています。

「お墓を買って、死後に自分が納まるところが決まるとホッとする。私が眠るところにはフジザクラがあるんです。死んだらフジザクラになってそこにいるんだと思うと、死の恐怖が少なくてすむのね。毎年毎年、春が来ると桜が咲いて、その桜になるんだわ、そう思うと素敵じゃない」。また、サクランボのなる桜のそばの区画を求めた人は「鳥についばまれて大空を飛びたい」と言っていました。

このように「死んだら桜になる」ことを想定している人がいます。そのことによって死の恐怖を軽減できるというのです。これこそ「死をも超えた時間」の想定です。

家族が連続しない時代に、自然というものの中に包まれ、特に日本人であれば桜と共に生き、桜が見届けてくれると感じることで、死を受容しやすくなるのではないでしょうか。死んだら桜になって、毎年、桜の花が咲くころ咲き誇る、そう考えると死が怖くなくなるのです。ここにスピリチュアルケアが見てとれます。桜葬では「あなたが生きたこと、桜は忘れない」という標語があります。

死後の近所づきあい—死をも超えた関係—

また、エンディングセンターが主催した会で話された言葉をあげることにしましょう。

「ここに来ると、すごく安らぐ。なんでかな、と考えるときがあるんですね。そうしたら、他でいろいろな楽しみの会に入っているけれど、唯一ここだけは、今という時間を超えて、もっともっと、ず〜とこの人たちと一緒にいられるんだなと思ったときに、時の長さというか、いのちの永遠というか、魂がずっと残っていて、あの人たちと一緒にあの丘に眠るんだなと思う気持ちがあるんです。とても安らぐものがあるんですね。深いものを感じます。それは取り立てて意識に上ってはいないのだけど、それだけに心の中に深くあるもの、と思いますね。誰の顔を思い出しても、微笑みが生まれてくる。私が先に死んじゃったら思い出して来てね、みたいな。そういうお友だちと一緒に私がいるんだっていう。それは日常の中でとっても大きな安らぎとか安心感とかですね」「私たち死んでもあっちで、遊びましょうよ」「夜な夜なワインを飲みましょう」「死んでも一緒よね」「向こうでも近所づきあいしましょうよ」

これらの言葉は「死をも超えた関係性」、「死をも超えた他者を見出している」ということです。この世からあの世を想像し、ワインを片手にお墓で楽しく話している光景を思い浮かべています。「死んでも近所どうし。死後も淋しくない。あちらに行って遊びましょうよ」などと考えることで死後が安心だというのです。

そう想うことで死が怖くなくなる

エンディングセンターの会員から「死んだら桜になる」とか「あちらに行って遊びましょう」という話が聞けましたが、本当にそう信じているのだろうか、といった疑問に答えてみたいと思います。

私が行った「桜葬」に関する会員意識調査[2]によると、「魂は樹木に宿る」と信じている人は一二・八%でしかなく、最多は「そう信じたい」四一・九%でした。

また、「生前に墓を核として皆が集い、さまざまな絆ができたら、死後の世界も楽しいと感じますか」の質問に、「死後の世界があって、生前に知り合った人と近所づきあいができて楽しいと思う」という回答は七・二%しかなく、「死後の世界があるかどうかわからないが、生

「魂」は「樹木」に宿ると思いますか。（n＝587）

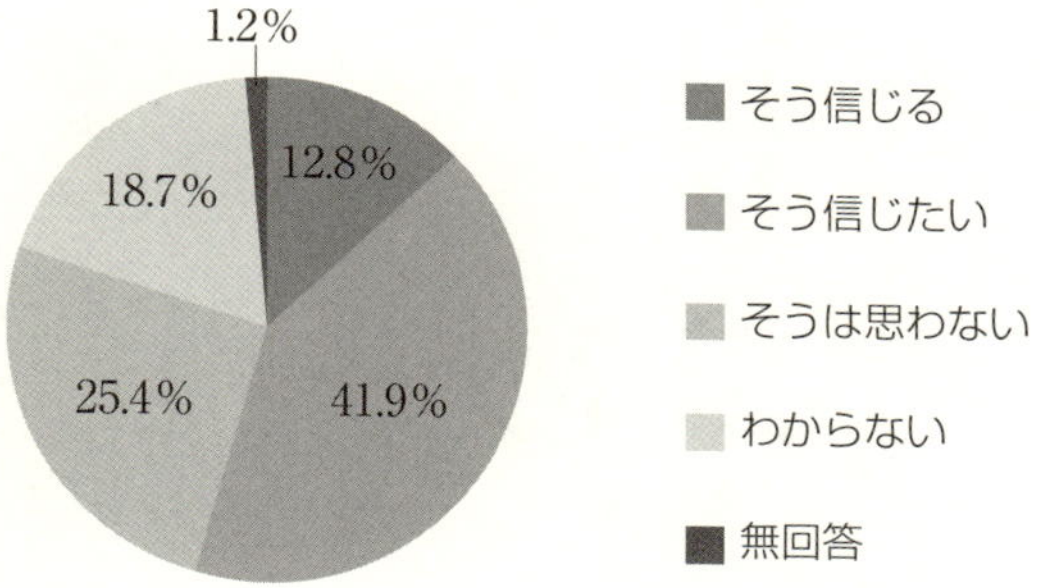

生前に墓を核として皆が集い、さまざまな「絆」ができたら、死後の世界も楽しいと感じますか。（n＝1284）

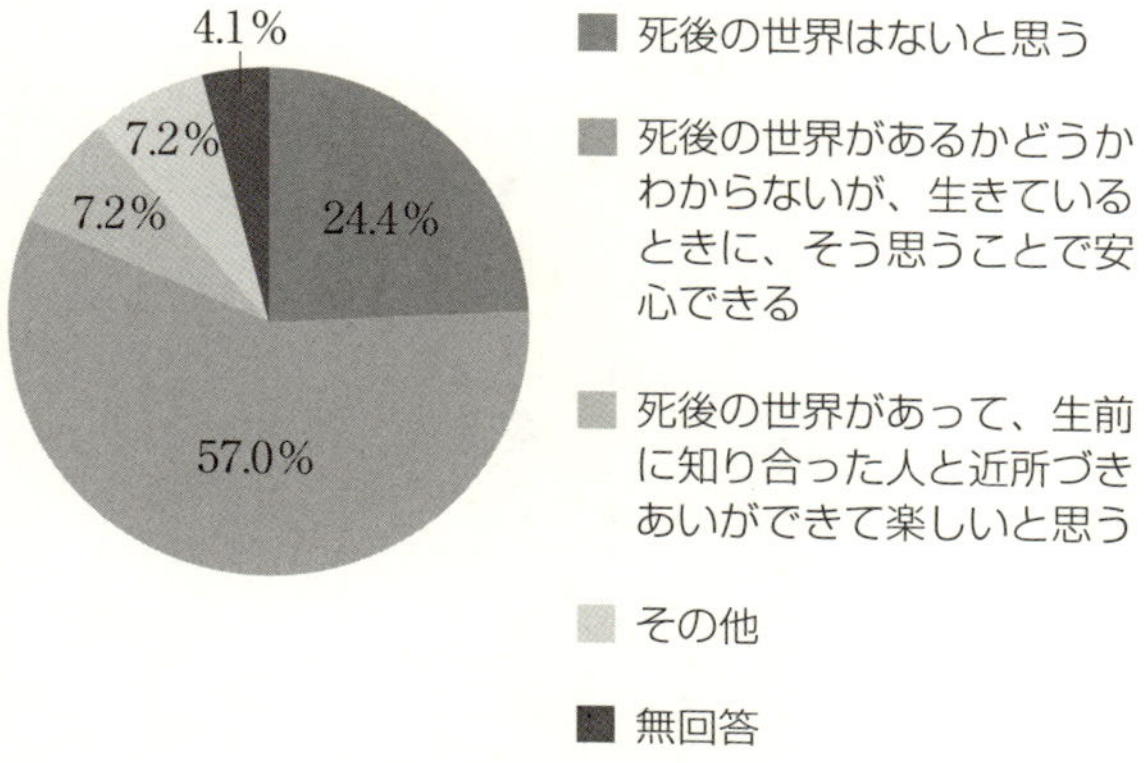

きているときに、そう思うことで安心できる」が五七・〇%でした。このように多くの人は、実際に死んで樹木になるとか、死後の世界があると完全に信じているわけではない。生きている今、そう考えることによって安心、怖くない、自らそう思おうとしていることがわかりました。

「最期を考えると不安じゃないですか、怖いですよ、そう(死後の世界でも楽しい友人関係が持続すると)考えればそれがない。死は考えたら恐怖だけれども死んだら楽と思いたい」と話す。死をも超えた将来を見出し、死をも超えた他者を見出して、最晩年を生きているのです。墓友活動は、弱くなった家族機能を補うだけでなく、自ら死後の時間や死後の仲間を想定することによって、今を少しでもたくましく生きようとしている姿なのです。私はそれを、緩和ケア病棟で他者から受けるケアと違って、自分たちで考え創造している点で「セルフ・スピリチュアルケア」と名付けています。

「死後のしかけ」―五〇本のバラの花束/本を届ける―

私はかつて毎日新聞に「最期まで自分らしく」というタイトルで、コラムを連載したことがありました。[3] もし私が、死期がわかるような病気になったら、私のごく身近な人たちの誕生日に、私の死後、私からの花束が届くようにしかけていきたい、と書いたのです。それは私が、父・母・姉と、私が生まれ出たところの家族全員を亡くし、「もう一度だけ一晩でもいいから語り明かしたい」と思うときがあるからです。もう二度と会えないと思っていた人から、それも誕生日という特別な日に、メッセージ付きの花束が届いたら、どんなに嬉しいことでしょう。

私の記事を読んだ読者（女性、当時六七歳）から実際に「五〇本の薔薇の花束が届いたんです」という手紙が来ました。夫が末期がんで亡くなり、葬儀をして火葬場からまだ温かい遺骨を抱きかかえて家に帰ったとき、宅配便が届いた。見れば夫からの五〇本の薔薇の花束だった。「ありがとう」という言葉が添えられていたそうです。その女性は泣き崩れたけれど、同時にこんなに嬉しいこともなかったのではないでしょうか。

私はこの話を、先の私の話とともに「死後のしかけ」といって終活講座でよく話しています。それを聞いたエンディングセンター会員Aさん（五九歳・女性）は「死後のしかけ」を実践して逝きました。Aさんは一人っ子できょうだいはなく、自身は未婚でご両親もすでに他界されていました。そんなAさんががんになり、余命が少ないことが告げられました。

私が「死ぬのが怖くないですか?」と聞くと、Aさんは「怖くない」と答えました。「なぜ?」って問うと、「だって、全部準備しているから」との返事。彼女は本をプレゼントしたりすることが好きな人でした。そのAさんのしかけたことは、自分の死後、親友の孫に絵本を贈ることでした。生前にテレビ番組に出て「新しい世代に、ちっちゃなことでいいから、何かをちょっと残していく。何かを渡していくっていうことが、自分のいのちがどこかに繋がっていく。ひょっとしたら私がいなくなってもこれがその子に届いていくっていうふうになっていたら、とってもいいなって思います」と語っていました。(4) 死をも超えた時間と死をも超えた関係性、そして自分ではできないけれど本屋さんに頼んで自律性を担保していたのです。

これはセルフ・スピリチュアルケアです。エンディングセンターでは、死者本人では遂行できない死後のしかけを、生前契約という形で本人の代わりに実行する役割も担っています。

おわりに

多死社会・無縁社会と言われる現代社会に「終活」がはやる理由を、私はよくマスコミの人から聞かれることがあります。二〇一〇年の国勢調査から一番多い家族の形態は「夫婦と子どもからなる家族」を押さえて、なんと「単独世帯」になりました。そのことからもわかるように、晩年は家族は頼れず、自分の最後を自分で選んで決めなければならないという、個を単位とした時代がやってきたのです。

私はこの章で、これまでの日本社会にあった「人が死を受容するためのケアシステム」が崩壊しつつあり、その代替システムが芽生えている様子をスピリチュアルケアという概念で説明してきました。それは、決して死の淵にある人たちへのケアであるだけでなく、現代に生きる一般高齢者の、高齢期であるがゆえに抱える不安に対しても有効であり、さらに「ケアされる」という受け身ではなく、セルフ・ケアであるところに、これまでのスピリチュアルケアとは違った特徴があるのではないでしょうか。

最後に、今、樹木葬墓地がなぜ支持されているのか、そして墓を核とした墓友たちの紐帯は何か、について触れてみたいと思います。

墓を核とした「結縁」のネットワークが存在するコミュニティは、ウルリッヒ・ベックが言うように、近代社会における確実性が崩壊し、確信できるものを欠いた状態の中で、新たな確実性を見いだし、創造することを人々が強いられている社会であります（ウルリッヒ・ベック、一九九七年、三二頁)。地縁・血縁が希薄化し、最晩年は「独居」を余儀なくされる核家族では、晩年は個としてどう生きどう死んでいくか、自ら選択しなければならない社会が到来しているのです。

こういった社会の中で人々は、伝統の良さを踏まえつつも、それに代わる新しいコミュニティや、追悼のあり方を模索しはじめています。戦前の家制度時代のような「家族の永遠性」が見込まれない時代だからこそ、家族も含みつつ「自然の永遠性」にかぎりなく回帰していく。自らが望む死後を選択して理想の死後のあり方を実現することで、他者とのゆるやかな共同性をつちかう。ここに紹介した人々は、不確かな時代に伝統を捨てて、新しいシステムを積極的に選び取ったことに満足し、その共通点に信頼感を抱き、みな積極的に生きようとしていました。(5) このように現代の人々は、伝統的な死生観が揺らいだ時代に、集団から個人へという流れの中で現代社会に合った死生観を紡ぎ出しています。その一つが、セルフ・スピリチュアルケアにみることができます。あなたも、しかけてみませんか。

【注】

（1）・（5）ここに芽生えている「お互いさま」などという言葉で表されるような関係を、筆者はパットナムのいう「橋渡し型」のソーシャル・キャピタルと捉え論証している。大谷栄一ほか編著『地域社会をつくる宗教』八章を参照ください。

（2）調査名：「桜葬」に関する会員意識調査、対象：認定NPO法人エンディングセンター会員（正会員・一般会員）、調査者：井上治代（東洋大学ライフデザイン学部教授）、方法：郵送法、期間：二〇一二年八月一六日～二五日、回答数：郵送総数一七六八通、有効回答数：一二八四通、無効回答数：二二通。本調査は、井上治代が科学研究費助成事業〈学術研究助成金〉を受けて実施したものである。

（3）そのコラムは、毎日新聞日曜版「最後まで自分らしく」（一九九八年八月一日～一九九九年一二月二六日掲載）に加筆し、井上治代著『最期まで自分らしく』（毎日新聞社、二〇〇〇年）として刊行された。

（4）ＮＨＫ 特報首都圏「自分らしい〝エンディング〟」（二〇一二年四月一三日放映）

【参考・引用文献】

井上治代『最期まで自分らしく』毎日新聞社、二〇〇〇年
井上治代「ポスト近代社会の墓における『共同性・匿名性』の一考察―スウェーデンと日本の事例から―」『ライフデザイン研究』四号、東洋大学ライフデザイン学部、二〇〇八年
井上治代「集合墓を核とした結縁―「桜葬」の試み」大谷栄一他『地域社会をつくる宗教』叢書 宗教とソーシャル・キャピタル第二巻、明石書店、二〇一二年
ウルリッヒ・ベック、アンソニー・ギデンズ、スコット・ラッシュ『再帰的近代化――近現代における政治、伝統、美的原理』松尾精文／叶堂隆三／小幡正敏訳、而立書房、一九九七年
鶴岡賀雄「スピリチュアル・ケアとしてのターミナルケア―「宗教史」の観点から―」東洋英和女学院大学死生学研究所編『死生学年報二〇一三　生と死とその後』一五二、一四九～一六五頁
村田久行『日本ペインクリニック学会誌』vol.18（2011）No.1, pp. 1-8

第四章　終末期の医療について
―揺れる家族と当事者のこころ―

樋口恵子

はじめに

一七年前相棒を見送りました。三年三か月、瞬きと右手指一本がコミュニケーションの手段、全身マヒの状況で生きました。気管切開、鼻チューブ、何本もの管につながれて。私は六〇代、家族の緩慢な死への時間を共にし、自らに問いかけることが多々ありました。私のこの個人的体験の時期は、ひろく社会的に医療界、行政、メディアなどで人生最期の医療に関して大規模な調査が行われたり、意見が表明された時期にほんの僅か先行しています。各界で意見が出され始め、周囲からも悩みの声が伝わってきて、私たちNPO法人高齢社会をよくする女性の会では六回にわたってこの問題に関する専門家による学習会を開き[1]、さらに調査研究を行いました[2]。ここでは個人的体験から出発して、私たちNPOとして取り組んだ終末期の医療に関する調査、スウェーデン取材旅行の結果などについて述べさせていただきます。

一　三年三か月　物言えぬ夫をみとって

一九九六年三月。私の相棒は小さな外科手術が引き金となって重度の多発性脳梗塞を起こし、私が見ている目の前で全身マヒ、舌根沈下で気管切開しなければ息ができない状態になりました。もともとその七年前に胸部大動脈瘤破裂から奇跡的に生還、現職復帰できたものの、血管はもろく、いつ何があるかわからない状況ではありました。しかし命拾いした相棒は、その前と同じく意気軒昂たるもので、大学教師として学生を愛し親しみ、同業の私から見てもなかなかに「いい先生」の生活を楽しんでいました。そして倒れる前はもちろん、最初の大手術後も、口ぐせは「俺はプロダクティブでなくなったら生きる気はないな」「プロダクティブでなくなって生きてる奴の気が知れない」というものでした。だから私は、彼の病状が落ちついて、意識はかなり残っているだけに、食事から排泄まで何一つ自力でできなくなったとき、彼がどんな思いで横たわっているのか、ケアされているのか、いささか気になりました。

気管切開のチューブをきれいにするため抜き取った三〇秒ほどの間、無声音ながら短い会話を交わすことができました。「俺はもう生きていたくない。何とかしてくれ」なんて言われたらどうしよう。言われたってどうしようもない状態で、彼も私も耐えていかなければならないのだから。実際には、彼は思いがけず満足そうに横たわっていました。勤務先である大学の卒業生がシフトを組んで枕辺を賑わしてくれたせいもあります。婦長さん（今の呼び方で師長さん）の言によれば、美貌の看護師さんが当直の夜は、明らかに表情が上機嫌だったと言います。
いつ倒れてもおかしくない既往症を抱えていたというものの、数年間とにかく元気に働いて急に倒れたので、最初の半年はこちらのほうが取り乱しました。二年目に入ったころ、大学でもその他の社会活動でもキャリアのピークだった私は、疲労の極に達し、会議中高血圧で病院へ運ばれたこともありました。二年目には、乳がんの手術をしました。「二週間ぐらい来られないけど必ず元気で帰ってくるから」と言ったときは少し心細そうに見えました。当時私六五歳、すでに老老介護と言ってよいでしょう。この年齢では介護する側も病気や事故に見舞われやすい、ということを実感しました。

胃ろうを提案されて

入院して二年目、一九九七年だったと思います。私は院長室に呼ばれて胃ろう造設手術の提案を受けました。胃のそばに直接針を入れて栄養を補給するので、鼻チューブの現在よりずっと多様な栄養を入れることができ、全身状態がよくなり寿命の延びも期待できます。鼻チューブの交換時の苦しさや顔面皮膚のただれもなくなります。手術は局部麻酔で約一〇分。同意なら明日手術をするから捺印を——と言われ、私は基本的に病院の言うことに逆らわないことにしていたので署名捺印しました。そのまま病室に駆け戻り、私は彼の枕元に仁王立ちになり、早口で胃ろうの件をまくし立てました。院長さんから言われたことをほとんど口移しに語り、「いいわね。私、サインしてきちゃったのよ。わかった？」。彼はごく僅かながら動く首を動かしました。承諾のサインですが、何となく不承不承の感じが気になりました。私は仕事先に急いで駆け付けねばならない。もう一度「わかったわね」と念を押して玄関から走り出ようとしたとき、夕方出勤の婦長さんに出会いました。私は早口でこれまでのいきさつを話し、「うなずきはしたもののいささか不満そうだったので、今夜時間ができたらゆっくり聞いてやって下さい。結論は本人にまかせて下さい」。深夜、婦長さんから電話がありました。「やっぱりおイヤですって」。胃ろう手術は取り止め。鼻チューブが続くことになりました。

彼はなぜ胃ろうを拒否したか。当時私は一個の生命体として生きることに満足しているような彼の姿から、現状維持を望み、小さな手術とはいえ外部からの新たな侵襲を拒んだのだと思いました。現在の全マヒ状況も、小さな手術がきっかけの大脳梗塞によるものでしたから。でも、このごろになって、もう一つの考えがあり得ると思うようになりました。胃ろうの効用として医師のことばを私は口移しに述べ立てましたが、その一つに「栄養がよくなるので寿命も延びる」とたしかに言ったように思います。「プロダクティブでなくなったら生きていたくない」と言い切った人として、それがイヤで拒否したのではないか、と。そうだとしたら可哀そうな選択をさせたものだと思うのです。そうだとしたら「長生きしても、こっちは歓迎よ」とひとこと言いたかった。いずれにせよ、彼に僅かな意識が残っていたおかげで、私は胃ろう造設について、本人の望むとおりにしました。その点、私の心は安らいでいます。

一人称の死と　二人称の死と

一日一日ほとんど何も変わらず緩慢に死に向かっていく夫を見ながら、夫は悠々と寝ているらしいからそれはいいとして、自分は強烈に、このようになりたくない、と思いました。とくに口からは液体も入らないので、常時装置の鼻チューブから栄養が送られます。交換時は苦しそうでイヤなことだと思いました。

やっとそのころから終末期の延命だけの医療に、患者家族側、医療側それぞれから疑問が出されるようになってきました。

私はＡ４の紙一枚に自筆でこんな文章を書きました。

「私、回復する見込みがなく、コミュニケーション不可能な場合、延命のためだけの医療はご辞退します。

これは家族や周囲に迷惑をかけたくないという私の思いからというよりも、自分の死生観からもたらされたものですから、どうか私の一生のわがままとお受けとめいただきますよう、お願い申し上げます。」

ペン書きで一枚自著して、ちょうど一八枚コピーしました。そして当時親しくつき合っていた友人、知己一八人に配りました。私と娘も一枚ずつ。俵萠子さん、吉武輝子さん、中学以来の同級生……。みんな気軽に預かってくれました。二年ほどしてメディアの人からそのお願い文を見せてほしい、という要望がありました。探したけれど自分の分も娘に渡した一枚もありませんでした。同年輩の親友Ｔさん「どっか行っちゃった」、別なＹさん「そんなことあったっけ」。最も几帳面な一人が「あった、あった」と出してくれたのがまっ白なＡ４の紙。「大切なものだから」と冷房のない部屋の金庫に入れたところ、当時のコピーだったため酷暑の中ですっかり文字のインキが飛んでいました。どうやら判読し復元できましたが、このような覚え書きが有効に作用するためには、それなりの準備が必要ということを痛感しました。遺言書と同じように、見つけてもらえなければ役に立たない。家族や最も親しい人に趣旨をくり返し語るとともに、一八人のリストは常時わかるところに置くとか。今、一八人のうちすでに二人が亡くなっています。リストを二年ごとに作り替えてお歳暮でも送るとか。

最近、私の親族で尊厳死協会に入会していた人が亡くなりました。認知症ではありませんでしたが、本人が住居の奥深く収納していたので、会員証が見つかったのは本人死亡後の遺品処理の段階でした。しかしその人は、二人の子どもも納得して、ほぼ希望どおりの最後を迎えることができました。それは常時身内に希望を語っていたからであり、ついの住み家となった有料老人ホーム入居時に簡単な書付を身辺に置き、関係者に提示していたことがきめ手になったのです。何よりも身近な人たちと語り合っておくことの重要性が示されています。

夫の療養中に、この最期の生き死にに関心ある大学病院の若き医師たちと話し合ったことがありました。そのとき「一人称の死」「二人称の死」ということばが使われて少し議論になりました。人称を基準にすれば夫（あなた）の死は二人称。私は、夫がなんとなく生きることを肯定しているように見えたので、いわば延命医療の中にいる状況に何の疑問も異議も申し立てませんでした。申し立てたところで、二〇年近く前の病院ではどうしようもなかったことですけれど。そして、私自身（一人称）の死に関しては、夫のようなチューブにつながれた医療はご免だ、と心から思ったから、前述のような文書を作成したわけです。若い医師たちはおおむね、「一人称と二人称の死のあり方は一致すべき」という意見でした。私が夫に延命医療を肯定し、自分はそこから逃げようとしているのはよくない、との思いからでしょう。「己の欲せざるところ他に施すべからず」という格言は私も正しいと思っています。

しかし、こと生き死にの問題となると簡単に一致するとは思いません。私たちの国では自殺が年間三万件を超えた時期があり、社会総がかりで防止に努めた結果、二〇一五年には二万四〇二五人、二〇一六年には二万一七六四人に減少しました（二〇一七年一月速報値）。一方、殺人の被害者は二〇一三年三四二人、二〇一四年三五七人というように、自殺に比べれば約七〇分の一です。社会情勢が異なるので一概に言えないし、自殺を容認するわけではまったくありませんが、自殺者と殺人被害者の数が同数の社会があるとしたら、かなりの恐怖社会ではあるまいか。人はだれに言われなくても、ほとんどの場合、自分の命がいちばん大切です。にもかかわらず人間は、ときにわが身を捨てて他者の命を救おうとするし、自分の命を絶つことよりも他者の命を奪うことをためらう。だから人間社会の安寧はそれなりに保たれるのではないか。他者の命を尊重するなら、命に関して本人の意思が最優先で配慮されるのもまた当然であろう。一人称と二人称の死が違うのはあたりまえ、最優先されるべきは一人称の死、というのが目下のところ私の結論であります。「目下のところ」と言ったのは、八四歳にして日常の起居に不自由なく暮らしている私の現在の心境であって、さらに長生きして健康状態が変わったら気持ちもどう変わるかわかりません。現に私の相棒は、元気なうちは「プロダクティブでなくなったら生きていたくない」とくり返し高言していたにもかかわらず、手の指一本しか動かせず鼻から呼吸できず口から食べられない状況になって、苛だつ様子もなく自足の日々を送るかに見えました。いつの意思が本人の本当の意思かと問われたら私は遺言と同じように、その人のいちばん現在に近い時期の意思を優先すべきだと思います。生き死ににに関しては、第一優先は本人の意思、そして本人の意思も変わり得る、というタテとヨコの多様性の容認が原則ではないでしょうか。

二　高齢社会をよくする女性の会における勉強会と「人生最期の医療に関する調査」結果

二一世紀に入ると、胃ろうの造設数が急増する半面、終末期の医療の現状に関する批判、疑問の声が各界から上がるようになりました。医療界では人工呼吸器を家族の懇請によって取り外したところ告発される、という事件が相次ぎました。[3]医師にとっては、延命治療の中止が免罪されない限り安心して医療に当たれない。政府は、高齢者の医療費のうち終末期の一か月の額が大きい点を挙げるなど、もっぱら財政面の要請もあってのことでしょう、関心を示し始めました。二〇一四（平成二六）年四月に厚生労働省は「終末期医療に関する意識調査検討会報告書」、および「人生の最終段階における医療に関する報告書」を公表しました。それまでに日本医師会、老年学会、メディアでは読売新聞が世論調査を行っています。[4]生と死の問題についていち早く社会に提言したのは、一九八〇年代の上智大学アルフォンス・デーケン教授であり、[5]がん医療のホスピス関係のボランティアなどを通して一定の浸透を見せました。その流れを受けながら、二一世紀初頭から生と死への関心は、国民的にいきわたり、長寿と、その落ちつきどころへの死への関心が国民的に広がった、という背景があります。医療界ばかりでなく法律学者の参加も目立つようになりました。多様な専門家の論議はもちろん大いに歓迎するところでありますが、生き死にの当事者は、もちろん専門家本人を含めて一人ひとりの市民であり個人でありその家族です。何よりもかけがえのない人生の主人公であり、命の持ち主である当事者の思いを乗せて、この論議はすすめられなければなりません。また最終段階まで介護をつづけた家族の思いも尊重されなければならないでしょう。

そこで私たち「NPO法人高齢社会をよくする女性の会」は二〇一一年から二〇一二年まで六回にわたって、各界の専門家を招いて勉強会を開催しました。その上で二〇一二年末、勉強会シリーズの総まとめとして、前記厚労省の検討委員会委員、さらにみとり現場の看護職・福祉職を加えたシンポジウムを開催しました[6]。また二〇一三年三月にはこのシリーズのまとめとして、死後の家族のグリーフケアについて講演会を行いました。これらの勉強会、シンポジウムを通して、生死の問題とくに終末期医療のあり方は、何よりも死に立ち向かう本人が自らの意思で判断するものであり、家族や医療関係者はその伴走者であることを確認しています。これらの勉強会部分については『自分で決める人生の終い方』として二〇一四年に上梓されています。本書のサブタイトルは「お任せデスから自分のデスへ」としました。もちろんデスは日本語の叙述文の接尾語に英語のデス（death、死）を掛けています。日本の多くの人々とくに今の高齢者世代は自分の最期のあり方について語ることが少ない。「おまかせ民主主義」ということばもあるとおり、人一生の生き方も、夫は妻に家庭のことは「おまかせ」、妻はもっと大事な点で夫に「おまかせ」、最期の医療に関しては「お医者さんにおまかせ」。日本人のおまかせ文化は、他の先進国と比べて濃厚です。そのことへの自戒と批判を込めて付けたタイトルです。

二〇一二年から一三年にかけて私たちは、「人生最期の医療に関する調査」（公益財団法人倶進会二〇一三年度一般助成）に取り組んで、二〇一三年五月に報告書をまとめています。調査の趣旨は本稿でこれまでに述べたように、あくまでも生き死にの当事者本人の立場に立ち、その意識と行動の現状を考察し、それに基づいて世論喚起を行うことでした。以下に、調査内容と結果のごく概要をご紹介します。

調査の方法は、私たちのような民間の団体にあっては、正確なサンプリングによる全国調査などは望むべくもなく、機縁法によるほかはありません。幸い私たちは三〇年に余る活動の中で、何度もこの方法による全国調査を行い、会員の協力による自由記述や聞き取りの多い、被調査者に寄り添った調査の経験があります。今回は全国全県にあるグループ会員、個人会員の助けを得ると同時に、介護保険制度施行一〇年余りの中で新たに知己を得た医師・看護師・介護職などの専門職グループからも一定の厚みのある回答を得て、一般の人と専門職の比較検討を行うことが可能となりました。調査票はファックス、郵送、Eメール、インターネットなどによって全国から一〇代から九〇代まで、五三九〇人という多数の回答を得ました。一〇〇〇人から二〇〇〇人の回答を得ることはこれまでにもありましたが、いかに通信手段が多様になった現在とはいえ、五〇〇〇人を超える回答数には目を見張るばかりでした。

回答者の属性は、私たちの会の体質から女性が七五%、年齢は女性の六割が六〇歳以上、男性の約半数が五〇代以下。家族をみとった経験者は女性六四・二%、男性四八%。

質問は大別して二種類あり、一つは終末期の医療で一般に周知している鎮痛剤、人工呼吸器、鼻チューブ、胃ろうなどの措置を自分自身に望むかどうかの問いかけであり、もう一つは自分が望む最期の医療やあり方について、家族と話し合ったり書面にしているか、を問うものでした。

終末期の医療について

「終末期」の定義については具体的には「意思表示ができず、治る見込みがなく、全身症状がきわめて悪化したとき」としました。次のような延命医療に関して「してほしい」「してほしくない」に二分し「わからない」という項目を設けました。さらに結果については、「みとり経験の有無」「性別」「職業別」「年齢別」などいくつかの指標によるクロス分析を行いました。その主なものをご紹介しましょう。

八割以上が「してほしくない」

「鎮痛剤使用」のみは「使ってほしい」が全体の六八・五％を占め、とくに「医師」九〇・二％、「看護師」八六・六％と、「無職」「介護職」「その他」の六〇％台の差の大きさが目立ちます。「みとり経験」の有無別では、「あり」七〇・六％、「なし」六五・二％と、「あり」が五ポイント高くなりました。

「心肺蘇生」は「してほしくない」七一・三％、「してほしい」一五・九％で、年齢層が若いほど「してほしい」が高い傾向がありました。「人工呼吸器」は「してほしくない」八八・九％、

「胃ろう」八五・四％、「鼻チューブ」八六・九％と、代表的な延命措置と目される項目はすべて八五％以上が否定的でした。

どの項目も「みとり経験あり」と「なし」では「してほしい」の数値がかなり違うことが目立ちました。「みとり経験あり」のグループは、「なし」に比べて、五～七ポイント「してほしくない」が多かったのです。

私たちのようなＮＰＯの調査においては、仲間意識に裏打ちされてか自由記述が多く、かつ深い示唆に富む意見が多いものです。たとえば、現在の家族は患者（多くは高齢者）の子どものきょうだい数が多かったため、親のみとりについて意見が対立し、最も身近な同居親族などの意見が通りにくい、という悩みが多く寄せられました。ある人は他のきょうだいに押されて人工呼吸器をつけたままにしたけれど、母が苦しげで、今でも強く出られなかった自分を責めている、と言います。またある同居の娘は、兄たちを説得して胃ろうをせずに見送ったが、今、母は息をしていてくれるだけでよかったのだと後悔しきり、と言います。いずれにせよ、家族に選択を任された場合、たとえ生前の患者が一定の意思を口頭で語っていたとしても、子どもらの愛情が深ければ深いほど「あれでよかったのか」とあとあとまで思い惑う様子が浮かび上がってきました。

自分の意思を語っているか、書面にしているか

回答者自身が、自分の親の、あるいは自分自身のみとりのあり方について、家族などと話し合っているか、さらには書面にしているかを尋ねました。「最期の医療について話し合い、自分の希望を伝えてある」のは三〇・八％、年代別では七〇代が三八・二％で最高でした。「みとり経験別」では「あり」三五・六％、「なし」二三・二％と大きな差が見られました。

自分が望む最期のみとりについて「書面にしているか」となると「ある」は五・三％に過ぎません。「これから書面にしたい」が三五・〇％あり、「書面にしたいが、どのようにすればよいかわからない」二二・一％を含めると、五七・一％が書面にすることに一定の意欲を示していることがわかりました。書面にすることをためらう理由としては、「医療は時代の流れがあるのであえて家族が困る状況は書面にしない」「今でなく、そのときのことは今と同じかどうかわからないので不安」などがありました。

三　スウェーデンを訪ねて

揺れ動き始めた日本の最期の医療を受け止めつつ、私たちNPO法人高齢社会をよくする女性の会役員有志五名は、二〇一二年五月スウェーデンにおける終末期医療に的を絞って見学の旅に出ました。私は八〇代の大台に乗って、一行の最年長から二番目、平均年齢七七歳、自分自身の問題として「最期の医療」を考える年齢の女性たちです。取材場所はストックホルム県最大の老人病院、老人居住施設、行政担当者が中心であり、通訳さんに頼んで高齢者食堂に集うストックホルム市民の高齢者にぶっつけ本番でこの問題についての意見を質問しました。外国人ならではの非礼な質問に対して、一〇人ほどの男女高齢者は一人として拒否的でなく、むしろ楽しげに語ってくれました。スウェーデン唯一の世界遺産「森の墓地（スコーグスシュルコゴーデン）」を訪れて、葬祭業界のトップに取材し、スウェーデン人の死生観、地域とのかかわりなどを別の側面から知ることができました。それらの一端をご報告して本稿の結びとしたいと思います。(7)

何が倫理か反倫理か

スウェーデンは人口九六九万人、日本の一〇分の一弱。その二割強が首都のあるストックホルム県に集中しています。多くのヨーロッパ諸国と同様に福祉、介護は基礎自治体（ここではストックホルム市、人口九一万人）の区（コミューン）が実施主体であり、医療は県が受け持ちます。ストックホルム県には公私一二の老年科病院があり、その中で第三者評価が高いと言われる県立病院を訪れました。病院はそれぞれ地区を担当しており、地域人口一八万五〇〇〇人、六五歳以上人口三万人を受け持ちます。高齢化率一六％、ベッド数一二一床、職員三九〇人、うち医師三五人。病院長（五八歳）はその地区の高齢者医療行政の責任者でもあります。

ヨーロッパの医療全体がそうであるように、若年者も高齢者もいきなり病院を訪れることはできません。高齢者も地元の初期医療センターで診察を受け、①複数疾病があり、②要治療要介護、と診断された人が送られてきます。病院の診療科目は、内科、循環器科、整形外科、認知症科、リハビリ科。平均在院日数一〇日と聞いてその短さに驚きました。脳卒中などで二〇～三〇日になる人も含めての平均です。「どの症状にどの治療をするかは国全体で決めている」。つまり、医療の標準化が進んでいるのでしょう。退院約一週間前に、コミューン（区市町村）

の職員を呼び、この人にどんな医療・介護が必要かを相談。介護の量と中味を決定するのはコミューンの資格を持った職員。定められた退院日までに地区が介護体制を整えて引き取らないと、以後の入院費は患者でも家族でもなく、コミューンに支払い責任が生ずるのです。要するに、スウェーデンの老年病院はもちろん治療もしますが、それ以上に、今後どこでどんな医療と介護を受けるか、日本人の感覚で言えば「仕分け」の場なのです。短い入院期間でも亡くなる高齢者はいるでしょうが、病院は「みとり」の場でもありません。まして延命治療の場でもありません。

自身八二歳の母堂がいるというボーストルーム院長に「胃ろうの患者さんはいますか」。答えは「たまには昔つけた人が入ってくることもあるが、今は一人もいません」。「病院として呼吸器はまずつけません。胃ろうもまずしません。基本的に患者本人とコミュニケーションが取れることが前提で、家族の希望には耳を傾けますが、決定権は医師にあります」。日本のように、呼吸器を外したり栄養補給を中止すると法律に触れる恐れはないらしいのです。

「家族の意思を聞くことは大切ですが、私たちは医学の倫理に基づいて判断します。複数の医師が呼吸器などをつけることが非倫理的と判断したら外します」という院長のことばに驚かされました。日本では延命できるのを中止することこそ「非倫理的」と判断されるのではないでしょうか。医の倫理にも国籍があるということを痛感した次第です。こちらの国（スウェーデン）では回復の見込みのない患者に延命措置を続けることのほうが「非倫理的」なのです。まさか延命措置中止の問題を「倫理」という単語で説明されようとは思いませんでした。胃ろうを装着して延命している患者は、当時の日本で二〇万人とも四〇万人とも言われていました。高齢者の多い病院の中には、入院を許可する条件に「胃ろう装着」を求めるところも少なからずあると言います。誤嚥防止のためと言いますが、それ以上に一人ずつ高齢患者のペースに合わせて摂食介助する手間ひまがないのでしょう。近年胃ろう造設数は減少傾向にあり、多少とも延命治療に疑問を呈する世論の効果かとも思いましたが、「いや、その代わり鼻チューブが増えているだけですよ」との声もあります。私だったら鼻チューブのほうが、よりご免こうむりたい。日本の最期の医療が延命こそ倫理的とする医師の手で主導される限り、診療報酬がその方向に有利に動く限り、患者や家族はそれに従わざるを得ないでしょう。日本の世論はすでに多くの人が自然な死を望んでいるにもかかわらず、実態はごくゆっくりとしか動いていないようです。

さきに述べたとおり、私たちはストックホルム市中心の高齢者住宅の一階に設置され地域に開放された食堂などで、約一〇人のストックホルムの高齢者にアポなしインタビューをしました。そのときのやや拍子抜けした感触を思い出します[8]。だれにも拒否されませんでした。多くは愛想よく質問に答えてくれました。ある男性は、いつも手にしているらしい紙筒から何かのホールらしい図面とパースを見せてくれました。自分が設計した建物で高い評価を得た、イエテボリ大学卒の建築家だと言います。自慢話も入りますがこちらの質問にもきちんと答えてくれました。「妻は数年前腎臓を病んで死にましたが、娘が看病してごく自然に亡くなりました。自分もそうありたいと思うけれど別に書類にはしていない」。八〇代後半の仲良し女性二人組は、「書類をつくっている人もいるけれど、私たちはそこまでしていない。しなくても困ったことにはならないでしょう」。ほとんどが迷っている様子もなく延命治療は望まない、ときっぱり言いました。建築家とは別な男性が一人だけ「生命というものは最後まで大切にされなくては」と語りましたが、延命措置そのものについては言及しませんでした。もう少し強い口調で語られるかと思った私は少々拍子抜けしたわけです。あとで病院や行政機関の取材を重ねて、ようやく理解できました。スウェーデン流の「医の倫理」のもと、チューブが何本も挿入されるような延命医療は、そもそもほとんど存在しないから、あれこれ思い悩んだり、まなじりを決して書面を残す必要もないのです。さきほど「倫理」にも国籍がある、と言いましたが、それは日本とスウェーデンの終末期における文化の違い、総合的な生き方の違いと言うべきものでしょう。その文化も倫理も少し長い目で見れば、そこに生きる国民一人ひとりの体験の累積によって変化しうるものと思います。

すでに日本の中でもゆるやかに変化は起こっています。私たちの前述の調査の自由記述の中で、とくに印象に残った記述がありました。地方都市に住む男性は言います。「一〇年前地域の大病院で父が亡くなったとき医師から胃ろうをすすめられた。父も家族も以前からしない方針だったので拒絶したところ、医師から、あんたはお父さんを殺す気かとどなられ険悪な状況になった。一〇年経った最近、母が同じ病院で最期を迎えた。向こうは覚えていなかったようだが同じ医師だった。胃ろうお断り、と言うと、医師はあっさりそうしましょう、と言った。一〇年間の医療側の対応の変化を実感した」。

もう一つは私自身の体験。近年私は健康保険証の中に名刺を入れ、回復が望めないときの延命治療をお断りする旨を記し、日付、署名、捺印し、家族にも了解を得ています。少し以前には「そんなものがあったって、いったん医療機関の門をくぐったらまったく通用しませんよ」と笑われました。汚れると新しい名刺に書き直し日付を改めていますが、当初と同じ内容の最近のカードを日本有数の高度医療施設のトップに見てもらいました。「簡にして要を得ています。まずは希望どおりになるでしょう」と認められました。やはり時代は動いているのです。

戦後およそ七〇年、二世代余り平和な時代を過ごし、日本人はようやく生と死を平常心で見つめることができるようになったのではないでしょうか。

八〇余年前、日本は満州事変という名の戦争に突入し、一五年戦争と呼ばれる長い長い戦争が続きました。他の第二次世界大戦参戦国の戦闘期間は、現在の民主主義国で言うと、長かった英・独が七年、アメリカ四年、フランス二年、日本ばかりが一五年という長期戦争に従事したことになります。ということは町に村に不慮の死が絶えず届けられることが日常化したのです。とくに、一九四一年太平洋戦争以降の死は内地と呼ばれた日本国本土が戦場となり、空襲による戦災死が日常化しました。もちろん戦地ではもっと大勢の若い男たちが中心に死にました。戦争はことばを変えれば、理不尽な大量死の日常化です。自分自身が命の主人公であることを完全に否定されることです。戦後日本の人々が死を憎み、死を遠ざけよう、死を見たくないとしたのは、命のまっとうな反応だったと言えます。生は希望であり善なる日常、死は絶望であり悪。自他ともの死を話題にするのは礼儀としても美意識の上でも忌避される文化が定着しました。そして日本は世界一の長寿国となり、それは七〇年続いた平和の証しです。この経緯を経た上で、日本人はようやく長い生命の終わりに自覚的に向き合おうとしているのです。

私自身はそれを望ましいこととして喜びたいし、医師にすべて「おまかせデス」から「自分のデス」を確保できるように願っています。しかし最後に付け加えるとしたら、くり返すようですが、一人ひとりの願いの多様性の受容と、同じ個人の意思が歳月と環境によって変化することへの受容です。遺言だってそうなのだから、そのときは現在に近い新しい日付のほうを優先してほしいと願っています。そして、今もなお結果としてはその後間もなく亡くなるのですが、「胃ろうつけた老母が一時元気を取り戻してくれた」と心から嬉しそうに言う友人のことばに、またぐらりと揺れたりしています。

【注】

（1）学習会の記録は一冊にまとめられて出版された。『自分で決める人生の終い方』高齢社会をよくする女性の会理事長・樋口恵子（編）、ミネルヴァ書房、二〇一四年。執筆者は渡辺敏恵／新田國夫／石飛幸三／苛原実／木村晋介／小賀野晶一／鈴木利廣。

（2）「人生最期の医療に関する調査報告―『おまかせ』でなく自分の最期を考えよう伝えよう書き残そう―」（公益財団法人倶進会二〇一三年度一般助成）NPO法人高齢社会をよくする女性の会、二〇一三年五月刊。在宅医療倫理学会（新田國夫会長）などで発表。

（3）たとえば、二〇〇六年の富山県射水市市民病院、呼吸器取り外し事件。

（4）二〇〇七年五月「終末期医療の決定プロセスに関するガイドライン」厚生労働省
二〇〇七年一一月「救急医療における終末期医療に関するガイドライン」日本救急医学会
二〇〇九年五月「終末期医療に関するガイドライン」全日本病院協会
二〇一二年一月「高齢者の終末期の医療およびケアに関する立場表明」老年医学会
二〇一四年四月「終末期医療に関する意識調査報告書」「人生の最終段階における医療に関する報告書」厚生労働省

（5）アルフォンス・デーケン〈編〉『死を教える』〈叢書〉死への準備教育、一九八六年。

（6）二〇一二年一二月、恒例の年末「女たちの討ち入りシンポ」をこの年は足掛け二年にわたる勉強会の集大成として「高齢者の命の終わりとケアを考える」をテーマに開催した。出講者は天本宏／三浦靖彦／樋口範雄／植村和正／梶尾雅宏／時田純／秋山正子／大熊由紀子。「会報二二一号」（二〇一三年一月発行）に概要を収録。

（7）このときのスウェーデン、フィンランドの取材を盛り込んだ単行本は、樋口恵子『大介護時代を生きる』中央法規、二〇一二年一二月発行。

（8）終末期医療に関するスウェーデン高齢市民に対するアポなしインタビューの内容を含め、NPO法人高齢社会をよくする女性の会訪北欧メンバーは、二〇一二年六月第八回総会において報告会を行った。その概要は「会報二一七号」（二〇一二年七月発行）に掲載されている。

第五章　自己決定・事前指示を再考する

由井和也

一　はじめに　「もうお迎えにきてもらいたい」

わたしは、山々に囲まれた信州の診療所で医師として仕事をしています。高齢過疎化のすすんだ農村地域で、外来や入院診療はもとより在宅医療、高齢者施設の嘱託医として多くの患者やその家族に関わってきました。

「もうお迎えにきてもらいたい」。そんなお年寄りのことばをしばしば耳にすることがあります。そのことばをわたしにむけるお年寄りの思いはさまざまでしょう。それぞれの本当の思いを簡単にはうかがい知ることはできません。

世間では「終活」ということばがテレビや新聞紙面に登場して、わがこととばかりにお年寄りにもずいぶんと注目を集めるようになりました。残されたひとに迷惑がかからないように前もって整理をしておくということのようです。どういうことが迷惑になるかは、そのひとや残されたひとによって考え方は違うと思いますが、整理しておくべきこととしてよく挙げられるのは、葬式やお墓、財産分与のことです。それともうひとつ忘れてはならないのが、将来の医療に関する希望です。迷惑がかからないことを暗黙の前提として、終末期に延命医療を希望するか否かといった自分のいのちに関わるようなことに関して、前もって宣言しておこうというのです。

気持ちはわからないでもありません。でも、葬式やお墓、財産分与のことを決めるのと同じように、将来の医療に関する希望を前もって決めておくことはできるのでしょうか。いつからが終末期か、何が延命医療かは、おそらくそう簡単に判断することはできません。そうしたなかで治療方針について自分で決めてあらかじめ指示しておくことが大切だといっても、本当にそのようなことはできるのでしょうか。そこに何か問題はないでしょうか。そうした問いについて考えることが本稿のテーマになります。

二　高齢者医療の現場から

まずは、高齢者医療の現場で出会う比較的よくある事例を紹介させていただきます。

八五歳の男性。重い脳梗塞を発症し、右半身の強い麻痺を患い寝たきりの状態で発語も意思疎通もできない状態が続いている。発症後、リハビリを毎日続けてきたが、安全かつ十分な量の食事を口から摂ることは肺炎や窒息を生じる危険が高く難しい状態と判断された。担当医から胃ろうをつくって栄養補給を行うかどうか家族に相談があった。

高齢ではありますがそれまで大きな病気をしたこともないこの男性は、自分がこのような重篤な病状になった際にどのような医療的な対応を希望するかといったことについて書き記したものはなく、身近な家族とそのようなことを話しあったこともありませんでした。

妻「胃ろうからの栄養補給を行わなければ餓死させることと同じではないだろうか。それを自分たちが最終的に決めるのはとてもつらい。どんな状態でも一日でも長く生きていて欲しいとも思う」

息子「寝たきりで口からは食べられず、話をすることもできない。胃ろうをつくっても、苦痛な時間を引き延ばすだけではないか」

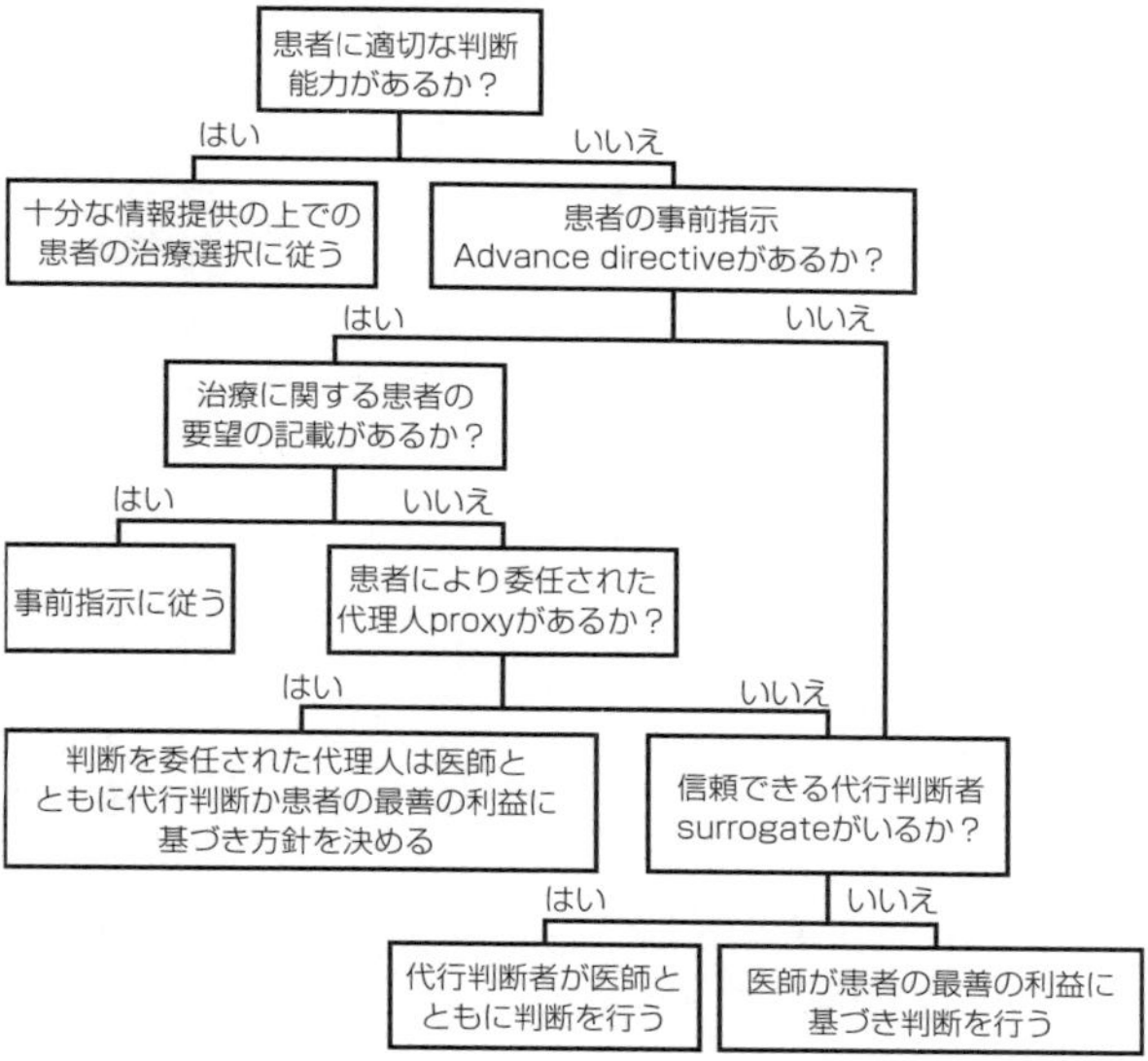

治療方針の意思決定手順（Bernard Lo, 2013より）

娘「いったいお父さんはどう思っているのだろうか」

多少の条件の違いはあっても、このような事例は病院で日常的に担当医として経験します。ここで、治療に関する意思決定の代表的な手順を図でお示しします[1]。

この男性の場合、意識がはっきりとしない状態が続いており、「適切な判断能力がある」とは言えない状況です。つまり、いのちに関わる重大な局面で治療方針を自分では決められず、代理の判断に委ねなければならないことになります。米国の高齢者を対象とした研究では、終末期近い患者に意思決定が必要なとき、七〇％の患者で意思決定能力がないと報告されています。[2]

続く代理の判断には、①事前指示、②代行判断、③最善の利益判断、の三つがあると言われています。図の手順からもわかるように、代理判断の上位に「事前指示」による判断が検討されます。事前指示とは、海外で使用される「Advance directive」の訳語で、米国で施行された患者自己決定権法（一九九一年）には「事故や重症疾患によって意思決定能力が失われた時にどのような医療を希望、または拒否するのかを意識が清明なうちに表明しておくこと」とあります。これには、「治療に関する患者の要望の記載」いわゆるリビングウィルと「代理人委任（proxy）」の二つがあります。先の事例では、リビングウィルも代理人委任もありませんでした。

このような事前指示書の作成率は、最近のわが国の調査では、一般国民で三・二％、医師でも五・〇％であり、まだそれほど多くないようです。[3] 米国においてさえ作成率はさほど高くないことが指摘されています。死や死にゆくことを話題にすることが避けられ、事前指示があってもいざというときに医師に利用されないことも多いようです。将来の予測困難な複雑な状況における治療のリスクと利益まで評価することは困難であり、代行判断者が繰り返し患者と議論していることは少なく、必要な場面で患者の希望を正確には予測できないこともその理由に挙げられています。医療従事者のコミュニケーション技術が十分でないことも指摘されています。ひとによっては自己決定することを望まずに医療従事者や身内に決めてもらいたいと考えていることもあります。加えて、どんな状況であっても救命に全力を尽くすことに価値をおく考え方も依然として優勢であることも、事前指示の作成率が低いことに影響しているようです。[4]

事前指示がない場合、「代行判断者（surrogate）」が必要になります。ここでは判断能力を失っている患者の代わりに、家族が意思決定を行うのが一般的です。患者本人が選択するであろう決断（推定意思）を想像し、治療に反映させることが期待されます。実際は、医師により提供される医学的な情報をもとに、患者にとっての「最善の利益判断」も重視して方針を決めることとなります。

医師のパターナリズム（逆に言うと患者・家族の医師〝おまかせ〟の姿勢）により、治療方針が医師により一方的に決められることは好ましい意思決定方法ではないと考えられています。臨床現場では目標や方法論は複数あり、結果は不確実性を伴い予測困難であり、あらゆる治療法にはリスクと利益とをもたらす両側面があります。そして、ひとにはそれぞれ固有の価値観や目標があり、自らが受ける医療に関して決定する権利があるからです。一方で、医師が情報提供のみを行い、自律を過度に強調して、すべての臨床的な決断を患者や家族らに〝丸投げ〟して委ねることは医師の責任回避と言えます。医師と患者や家族らが対話を重ねて臨床的な決断を共同して行うのが望ましい方法であると言われ、これが共同意思決定（shared decision making）と呼ばれるものです。

しかし、先の事例で示したように、大切なひとのいのちに関わる重大な選択を迫られる家族の心理的な負担は、決して少なくないことは容易に想像がつきます。一方の医療者側もさまざまなことで悩むことになります。患者や家族にとって最善の利益は何かについて、科学的根拠にもとづく確率的な判断や心理・社会的な要素もふまえた経験的な判断を行います。その過程において医師は、患者の生活の質（クオリティー・オブ・ライフ、ＱＯＬ）をしばしば低く見積もり、治療を継続することを広い意味での〝無益な治療〟と判断したり、医療制度の制約や限られた医療資源の適用といった見地から、合理的な考えとして治療を縮小することを選択するかもしれません。そうした判断にも明確な基準があるわけではないので、実は医療者にも心理的な葛藤がしばしば生じているのです。家族も医療者も自分自身の心理的な負担をやわらげるために「自己決定」という名の免罪符を求めているのかもしれません。

三　あらかじめ決めておくこと―その問題と限界―

「自然死」や「平穏死」ということばをよく耳にするようになりました。そのような風潮のあらわれか、外来に通院されているお年寄りから「私は延命医療を希望しませんからよろしくお願いしますよ」といった趣旨のことをふいに告げられることがあります。

《急にどうなさったのだろう》《どういう状況を想定されているのだろう》《延命医療とはどのような医療のことをさしているだろう》《身近なご家族とはその件について話し合いをされているのだろうか》。そういったいくつかの疑問がわたしの頭のなかに浮かびます。多くの患者で待合室が混みあう外来診療の合間に、そういった疑問をひとつひとつ丁寧な対話で確認していく作業は実は簡単なことではありません。

患者の懇願のきっかけはさまざまです。それこそテレビや新聞紙面の「終活」情報や親族や知人の病気がきっかけのこともあります。そういったきっかけで自分の将来について考えることは悪いことではありませんが、病気や治療、そのときの状況について正確に理解することは一般の方には難しい作業だと思います。一般の方には、と言いましたが、では、医師であるわたしならばその作業は容易なことなのか。答えは、ノーだと思います。さまざまな病気やその治療についての知識はもちろん持ちあわせています。しかし、医師は多くの病いの体験をみずからしているわけではありません。病むこと、障害を負うこと、老いることとどう向きあうのか、死に直面するような状況でどのように感じ、決断するのか。少なくとも今のわたしには想像ができません。将来起こりうるさまざまな状況をもれなく、正しく想定することは医師であっても困難な作業なのです。

医療の役割は、健康の維持・回復により患者のＱＯＬを高め、結果として余命を延ばすことと言えます。つまり、医療は「延命医療」ということばに言い換えても何らおかしくはありません。しかし、実際には「延命医療」ということばが使われるとき、最初から「いたずらな」とか「過剰な」といった否定的な語義を含んで用いられていると考えるべきでしょう。通常、

ＱＯＬを高めることと、余命を延ばすことは両立します。しかし、時としてＱＯＬを高めることと余命を延ばすことが両立しない場合があります。ＱＯＬがとても低い（と思われる）状況で（延命）医療が行われることの是非が、現代医療の現場でしばしば議論されます。

患者があらかじめ「延命医療」を拒否するとき、どのような状況を想定しているのか、どのような医療行為を拒否するのかに関して明確な想定はできていないであろうことは先ほど述べた通りです。さらに、患者の「延命医療」拒否の事前指示があった場合にも、複雑な臨床状況で指示通りにすることが「患者の最善の利益」にかなうことなのか、目の前にあるその状況でも変わらぬ意思を患者は持ち続けているのだろうか（このことはどのようにしても解消しえない課題です）、といったことが問題になります。さらに最終的な決断には身近な家族の意向を確認する作業が必要となるのが普通です。要するに、自己決定した事前指示といっても、問題や限界をはらんでいるということです。リビングウィルを機械的に聴取しても複雑な臨床場面に家族や医療者は対応できず、患者の医療に対する意向は、多くの場合に情報不十分なために尊重されることはなく、ＱＯＬも向上することがないとの報告があります[4][5]。

事前指示の問題／限界をまとめます。

①病状を十分理解しないままに事前指示を作成した可能性があること。

②事前指示の内容が曖昧で、解釈自体が問題となりうること。

③事前指示では、過去の決定に将来の扱いが拘束される。事前指示の内容が現時点での〝患者の最善の利益〟に反する場合があること。

④患者の気持ちが変わることがあること。

⑤事前指示の実行が検討されるとき、代理者による解釈が避けられないこと。

四　「仕方なくさせられる死の自己決定」

自己決定による事前指示の問題／限界は、臨床の場で適用しようとしたときに考慮すべき重要な点です。そしてもうひとつ、わたしが事前指示の確認を目の前の患者に行うことに慎重になるきっかけとなった文章を次にご紹介します。安楽死／尊厳死と向き合い問題提起を行ってきた看護教育者である清水昭美氏のものです。

「最近、自分の生命の終わりは自分で決めるなどと言われるようになり、「死の自己決定」という言葉が飛び交い、自分で決めることが非常に望ましいことのように広がっている。……本人の意思で決めるといっても、近親者の精神的・経済的負担を考えると、そう決めざるを得ない状況のもとでは、「尊厳死」の道しかないと考える。選択ではなく、それしか方法がないという状況に追い込まれて、自分の意思で決めたと書かざるを得ないのが実情といえよう。……施設に入所している老人が「長生きしすぎた」とか「長生きは恥」と身を引くような表現をしている。老人が子や孫に迷惑をかけずに死んでいきたいと願う。自分が生きていることがまわりに迷惑をかけると考えざるを得ない社会状況のもとでの「死の自己決定」は本当に自分の本心から決めるというより周囲から追い込まれて、「仕方なくさせられる死の自己決定」ではないだろうか。さらに、自分で決めるといいながら、社会的圧力、見えない強制となる危険がある。例えばあるテレビ番組では、「前もって自分で書いておくことですね」と解説者が気軽に述べていた。マスコミを通して「死の自己決定」を伝える時、今、病んでいる人や老人、重い障害を持っている人、世話を受ける人々に「決めなさいよ」「早く書いておきなさいよ」

と声高に言い、見えない圧力をかけているのではないだろうか。このようにして老人や障害者が一層生きにくい社会に傾斜しつつある。老人ホームや病院で老人たちが社会の見えない圧力により「死の自己決定」をすれば、医療関係者は、今以上に治療放棄や看護放棄がやりやすくなるであろう。本人が決めていることだとして、ためらいや罪の意識もなく、本人の意思を尊重してさしあげるという形で、治療放棄、看護放棄をそれとは自覚せず、むしろ善と錯覚して行なうのではないか」(6)。

この文章を目にして、わたしも無自覚のうちにこのような錯覚を受け入れている可能性があることを強く意識づけられました。

その錯覚がなぜ起きるのかという背景についても、注意をむける必要があります。そのことを考える上で参考になるのは、神経難病の患者を数多く担当してきた神経内科医の中島孝氏の論考です。「けっして治癒することのない、慢性疾患患者、難病患者、認知症患者、治らないがん患者、超高齢障害者などが多数をしめている」現代医療の現場で健康概念や医療アウトカム概念を見直す必要性を説いています。

「数としては少数でしかない治る患者向けの医療モデルが標準適用され、平均在院日数の短縮を目標に医療が行われている。治る患者を早く治し、治らない患者は早く医療の領域から出すことが、理想の医療の姿となっているが、治せる患者が極めてすくないため、うまくいかず、ひどい混乱になっている。……これは「健康概念」自体がおかしいからおきるのだが、ほとんどの人はそれに気がつかず、そのような治らない患者は十分に説明を受け「死を選ぶ」か「延命治療を選ぶ」かを自己決定すべきで、自己決定能力がなくなる前に、事前にそれを自分の選好により決定するのが良いという考えが論理的に正しいとされてしまう。人は本来、自ら人生を放棄したり、死を自己決定したりする必要はなく、人は誰でも死を迎えるまで活き活きと生きることが可能なはずである」(7)。

中島氏は、治療概念をやめ、死を迎えるまで全人的苦痛をケアする本来の緩和ケア概念に枠組みを変えて、そこに立ち返ることを提言しています。

わたしは、医療の意味や目指すべきものを時によっては見失っていたと思います。事前指示・自己決定をせまることが相手に対して侵襲的である可能性があることを学び、臨床における適用について再考するきっかけとなりました。そして、それは生命倫理に対する障害学からの批判にも通じることです。そのことを、別の経験を通じて次に述べてみたいと思います。

五　〝内なる優生思想〟の気づき―障害学の視点―

医師として一〇年を少し過ぎた頃、それはわたしが高齢者医療の現場で「食べられなくなったときにどうするか」をとりわけ大きなテーマとして意識していたときだったと思います。正直に言うと、胃ろうという医療技術に対しておおざっぱに否定的な感情を持っていたのだと思います。そんなときにわたしはある映画に出会います。重症心身障害児（者）施設、第二びわこ学園の日常をとらえたドキュメンタリー映画『わたしの季節』（小林茂監督、二〇〇四年）という作品です（小林監督は、わたしが現在勤務する診療所を舞台とした記録映画（『地域をつむぐ　佐久総合病院小海町診療所から』一九九六年）の制作にスタッフとして関わられていたご縁があります）。

『わたしの季節』は、施設に入所しながら生活している重い障害を持つ人びとの暮らしをありのままに記録した映画です。施設には、呼吸も、栄養も、身体の動きも、すべて他人の世話によらなければならない重症児もいます。胃ろうから栄養補給を行い、一見しただけでは反応がまったく無いように見える児も、優しく触れて語りかけると感情の表現を返してくることを映画は伝えます。返事がなくとも笑顔で繰り返し語りかけ、時間をかけて彼らの反応を待つ職員の姿が印象的です。できることがよい、できないことはよくない、そういった単純な評価ではないこと、他人が客観的に考える幸福度と彼らが主観的に感じる幸福度に乖離があるかもしれないことを、改めて考え直すきっかけをつくってくれた作品でした。

もうひとつ。研修医と行ったある調査のこともご紹介します。食事が摂れなくなった高齢者に胃ろうがつくられるのを病院で何回か見てきたその研修医は、退院後に患者がどのように生活しているのかが気がかりで、それを知りたいと思ったそうです。そこで私の診療所に研修に来た際に、胃ろうからの栄養補給を行いながら自宅療養をされている患者宅に数軒訪問し、介護者の方にインタビューをさせていただきました。うかがった患者はその大半が寝たきり状態で、発語はなく、意思疎通もまったくできない（と思われる）方たちでした。しかし、介護者の方からこんなお話をうかがいました。「気分がいいか悪いかすぐにわかります。機嫌よく過ごしていることのほうが多いんですよ」。「こうやって生きている母は幸せだと思います。そして、わたしも母が生きていてくれることを嬉しく思います」。高齢者に胃ろうをつくることに否定的な感情を持っていた研修医は、インタビューを終えてから随分見方が変わったと打ち明けてくれました。

わたしたちは知らず知らずのうちに、自立していること、何かをつくりだす能力、経済的価値や社会的な存在意義に基づいて患者のＱＯＬを客観的に評価しているのではないでしょうか。しかし、本来は医療の目標はひとが主観的によくなることだと言えます。ＱＯＬも主観的に評価されるべきことがらです。この基本的なことを間違わないようにしなければなりません。わたしはこのような経験を通じて、みずからが〝内なる優生思想〟とでも言うべきものを身につけているのではないかと注意するようになりました。医師は治療に関する意思決定に際して、多分に影響を及ぼす存在であることを否定できません。そうであるからこそ、このように勘違いや差別、偏見といったものに自覚的でなければならないと考えています。

慢性疾患で治療を受ける患者の生きる価値について、医師のほうが患者本人よりも低く見積もることが多いという事実は多くの研究結果で明らかになっています。[(8)(9)] 多くの患者が時間とともに慢性疾患との付き合い方を身につけ、支援を受けられるような体制をつくりあげることで喜びあふれた暮らしを送る方法を見出していくと言われます。それはレスポンスシフト現象と呼ばれています。[(10)] 本稿で例として取りあげている胃ろうに関しても、それ自体は価値中立的な医療技術であり、胃ろうとともに生きるひとの主観的なQOLは周囲のひとの支援の在り方、もう少し広くとらえると、ひととひととの間柄によって大きくシフトしうるものであると考えています。

そもそも自立していることをどう理解するかということから問わなければなりません。自立しているとは、何者にも依存せず（independence）に、強制されず（autonomy）に生きていることのように思われるかもしれません。医師で、脳性麻痺による身体障害当事者でもある熊谷晋一郎氏の考えをここでご紹介します。

「依存や強制から逃れられない人間にとって、依存の反対語や、強制の反対語として自立を捉えるのは無理がある」と述べています。「多くのものに依存する〝multi dependence〟とでもいうべき状況」や「実際にはいろいろなものに強制されているにもかかわらずそれと気づかないでいられる」状況が自立なのではないかと論じています。(11)

わたしたちが考える自立という概念そのものを見直さなければならないのかもしれません。ひとは一人で生きているのではない。これは自明のことかもしれません。では、いのちはそのひとだけのものと言えるのでしょうか。自己決定について考えるうちに、やがてそのことにたどり着きました。

六　いのちはそのひとだけのものなのだろうか

自己決定が大切であると言われます。基本的には同意します。でも、自分だけでこう決めたから、ほかのひとは関係ないということでよいでしょうか。

延命医療をテーマにしたテレビ番組が、そのことについて考える機会を与えてくれましたのでここでご紹介します。二〇一〇年三月に放送されたＮＨＫスペシャル「命をめぐる対話〝暗闇の世界〟で生きられますか」です。全身の筋肉が動かなくなるという難病（筋萎縮性側索硬化症：ＡＬＳ）を患う照川氏とノンフィクション作家の柳田邦男氏の延命医療に関わる対話を軸に番組は進行します。人工呼吸器と胃ろうを利用しながら生活を続ける照川氏は、頬のわずかな筋肉の動きをセンサーに感知させることで意思を伝えることができます。しかし、この筋肉も動かすことができなくなれば、身動きはまったくできない上に、外部と意思疎通を行うことができない「完全な閉じ込め状態」となります。照川氏は、「完全な閉じ込め状態になったら死なせてほしい。闇夜の世界では生きられない」と意思表示して、すべての延命医療を中止して尊厳死を遂げることを要望します。

照川氏の自己決定、事前指示について考えることも重要なテーマでありますが、わたしはこの番組に登場するもう一人の患者に注目しました。照川氏と同じ病気で、取材の三年前から「完全な閉じ込め状態」となりながら家族らの丁寧な介護を受けて生き続ける鴨下氏という方です。九年前に発病した当時、二人の子どもは小学校四年生と一年生でした。鴨下氏の奥さんは「完全な閉じ込め状態」であっても「生きていてくれること」が子どもたちの成長にとって大きな支えになっていると語ります。鴨下氏は「完全な閉じ込め状態」になる前に、生きたい気持ちとあきらめて死んでしまいたい気持ちと〝五分五分〟と言っていたそうです。番組では一八歳と一五歳になった子どもたちとクリスマスを祝う場面が映し出されます。はたして鴨下氏は死んでしまうよりもつらい思いで生きているのでしょうか。それは現代の先端技術の力を借りても今はうかがい知ることはできません。しかし、奥さんや子どもたちが生きる上で鴨下氏が「生きて」存在していることは大きな支えとなっていることは間違いないでしょう。先に紹介した、胃ろうをつけて在宅療養を続けている患者の家族のことばも同じことをわたしに気づかせてくれています。

そのひとのいのちはそのひとだけのものなのだろうか。これは哲学的な問いであるように思えます。哲学者の鷲田清一氏の文章を以下に引用します。

「〈わたし〉は「他者の他者」としてある。深いつながりのあっただれかが死ぬということは、わたしをその思いの宛先としてくれていた他者を失うということである。これがなぜ痛いのか。その理由はそんなに不明ではない。〈わたし〉という存在は、だれかある他者の意識の宛先としてかたちづくられてきたものだからである。…からだはだれのものか、いのちはだれのものか。これは、ひとがだれと生きてきたか、だれとともに生きつつあるかという問いとともに問われねばならない問題なのである」[12]。

七　ともに生きつつある大切なひとと話し合うプロセス

ここまでに書いてきたように、あらかじめ決めておくことに問題／限界があることの理解、自己決定をせまる姿勢が「仕方なくさせられる死の自己決定」を追い立てるようなことになりうる懸念、〝内なる優生思想〟への反省、そして、いのちの所有論に関する思索が続いていること、そうしたいくつかの点から、わたし自身は無責任かもしれませんが将来の医療の希望について患者に尋ねることは以前よりむしろ少なくなったように思います。

近年よく言われることは、身近な大切な方とみずからの老いや病いについての考えや、医療やケアに対する希望について話し合うことが大切であろう、ということです。そのように将来に備えて、今後の治療・療養についてあらかじめ話し合うプロセスのことをアドバンス・ケア・プランニング（advance care planning. 以下、ＡＣＰ）と言います。もう少し詳しく言うと「自己決定能力がなくなったときに備えて、あらかじめ自分が大切にしていること、治療や医療に関する希望（してほしいこと、してほしくないこと）、代理人委任などを話し合うプロセス」ということになります。つまり、ある時点で決定した内容（事前指示）自体が大切なのではなくて、なぜそのように思うのか、その価値観を共有するという作業がより重要であろうという考え方です。

ＡＣＰは患者や家族の価値観やケアの目標に注目し、包括的かつ系統的で、地域に密着したアプローチであると高く評価され、患者、家族、医療従事者の満足感が向上するというエビデンスが報告されています。[4] 豪州におけるＡＣＰに関するランダム化比較試験でも、ＡＣＰを行った介入群において終末期に患者の希望を尊重した医療が行われており、家族のストレス・不安・抑うつが少なく、患者と家族の満足度が高いという結果でした。[13]

ＡＣＰという手段を用いても、〝事前〟であることの問題／限界や侵襲性という点をすべて克服できるわけではありません。治療方針の決断が必要なときに意思決定能力を欠いた患者本人に代わって代行判断を行う際の〝次善〟の手段と言えます。そのことを理解しつつ、医療従事者は共同意思決定に参加して、専門職として役割を果たすことが求められていることを自覚しなければなりません。

八　おわりに　「よりよく生きたい」を支援すること

本稿では代行判断や最善の利益判断にうめこまれる倫理的な問題についてまでは言及することができませんでした。近年強調されるようになった自己決定・事前指示についてわたしの経験もふまえて再考し、治療に関する意思決定を支援する方法について現時点での到達点について記述しました。

「終活」とは人生の最終盤においてさまざまなことがらについて意思決定していく作業です。そのことについて考えることは大切ですが、その前提として、人生の最終盤をとりまく環境、とくに支援の在り方について議論することが必要だと思います。「もうお迎えにきてもらいたい」は、裏返して心の奥底で「よりよく生きたい」ことを訴える切実な声ではないかと思います。「支援すること／されること」が「迷惑をこうむること／かけること」と強く意識せざるをえない環境では、「よりよく生きたい」ことを宣言する自己決定をそのなかに見出すことは難しいでしょう。そのような条件も含めて自己決定はあるのだという考え方もあるでしょう。

そうであるならばなおさら、自己決定が大事だと声高に主張する前に、よりよく生きることを支援する環境についてきびしく議論することが求められていると思います。

【参考・引用文献】

(1) Bernard Lo, *Resolving Ethical Dilemmas A Guide for Clinicians* (Fifth Edition). Lippincott Williams & Wilkins, 2013, p. 69.
(2) Silveira M.J., Kim S.Y. and Langa K.M., Advance directives and outcomes of surrogate decision making before death. *N Engl J Med.* 2010; 362(13): 1211-1218.
(3)「人生の最終段階における医療に関する意識調査報告書」終末期医療に関する意識調査等検討会（平成二六年三月）http://www.mhlw.go.jp/file/04-Houdouhappyou-10802000-Iseikyoku-Shidouka/0000042775.pdf
(4) Leah R. and Susana L.M., *Advance Care Planning: Communicating About Matters of Life and Death*. Springer Pub Co, 2013.

（5）The SUPPORT Principal Investigators: A controlled trial to improve care for seriously ill hospitalized patients. *JAMA*. 1995; 274: 1591-1598.

（6）清水昭美「「安楽死」「尊厳死」に隠されたもの」山口研一郎（編）『操られる生と死――生命の誕生から終焉まで』小学館、一九八八年

（7）中島孝「尊厳死論を超える」『現代思想』Vol. 40-7、青土社、二〇一二年、一一六〜一二五頁

（8）Pearlman R.A. and Uhlmann R.F., Quality of life in chronic diseases: perceptions of elderly patients. *J Gerontol*. 1988 Mar; 43(2): M25-30.

（9）Danis M., Patrick D.L., Southerland L.I. and Green M.L., Patients' and families' preferences for medical intensive care. *JAMA*. 1988 Aug 12; 260(6): 797-802.

（10）Sprangers M.A. and Schwartz C.E., Integrating response shift into health-related quality of life research: a theoretical model. *SocSci Med*. 1999 Jun; 48(11): 1507-1515.

（11）熊谷晋一郎「自己決定論、手足論、自立概念の行為論的検討」田島明子（編）『「存在を肯定する」作業療法へのまなざし』三輪書店、二〇一四年、一六〜三五頁

（12）鷲田清一『死なないでいる理由』小学館、二〇〇二年

(13) Detering K.M., et al., The impact of advance care planning on end of life care in elderly patients: randomised controlled trial. *BMJ*. 2010; 340: c1345.

第六章　自分らしく死ぬことができる地域をつくる

――臨床医から見た可能性――

藤井博之

一　わたしの知る三つの地域と、ある頼まれごと

はじめに、わたしが臨床医として働いてきた三つの地域で経験したエピソードを、いくつか紹介します。

都市近郊の大規模団地

一箇所目は一九八〇年代半ばの埼玉県三郷市です。働いていたみさと健和病院のリハビリテーション病棟には、自宅に帰れず別の病院に転院する患者さんが何割かおられました。隣接する東京都足立区・葛飾区からの紹介で入院され、自宅から遠く離れた埼玉県や茨城県の老人病院に移られる方もいました。自宅では介護できない、都内の病院はベッド差額が高いなどの事情です。都内から郊外、さらに遠方に要介護者を押し流す力が働いていると感じられました。

二〇〇九年、都内から移り住んだ生活保護受給者ら一〇人が死亡した群馬県渋川市の「静養ホームたまゆら」の火災事件の報道に触れたとき、あのとき感じた「押し流す力」のことを思

い出しました。

あるとき、三郷団地の老人会に飛び入り参加しました。二万人あまりが暮らすマンモス団地で、高齢者の一人暮らしや「老人世帯」が一定の割合を占めていました。

その会で会長さんが、「また一人、亡くなってから何日も経って発見される方が出ました。残念です」と話されました。この問題は後に「孤立死」「孤独死」として話題になります。この数年後に、三郷団地に在宅介護支援センターや訪問看護ステーションをつくろうと、老人会、自治会、商店会、各党の市議が参加する運動がおこりました。

別のあるとき、九〇歳の女性に私は「先生、もし私ががんになっても、言わないでね。知らないままあの世に行きたいから」と言われたことがあります。数年後、ほんとうにその方が膀胱がんを患ったとき、疼痛はほとんどなかったのですが、血尿や尿路感染が止まりません。私は、彼女が納得する説明ができずにいました。本人は不安と不審でいっぱいです。ご家族と話し合いましたが、本当のことを説明するという選択肢には、とうとうたどり着きませんでした。

東京の下町で

二箇所目は二〇〇〇年代の東京下町です。私は、足立区の柳原病院に職場を変わっていました。「最期まで家にいられる在宅ケア」[1]に取り組んできた地域です。

在宅で亡くなった方の枕元では、往診医がご家族に「お疲れさまでした」と頭を下げ、家族が「先生や看護師さんもお世話になりました」と応じていました。

この地で二〇〇五年に柳原リハビリテーション（以下、リハ）病院を開設しました。スローガンは「生きていく力をとりもどす」でした。

あるとき東大病院からALSの患者さんが紹介されてきました。呼吸筋の力が弱って仰向けでは息もできず、食べることも話すこともできず、残された生命の時間が限られていることは明らかでした。ここまで病状が進行する間に寄り添ってきたのは、ご家族です。私は、この方は今際の際に何か語りたいことがあるのではないか、「苦労をかけたね」の一言かもしれないけれど、せめてそれを叶えることはできないか、と考えました。

視線の位置で意思疎通を助ける「コミュニケーション・ボード」という道具を用意し、練習するように働きかけましたが、彼にはそれを使いこなすだけの体力も気力も時間も、残されていませんでした。

信州佐久で

三箇所目は長野県佐久市です。私は二〇一一年に佐久総合病院に転職しました。この地域の、とくにお年寄りは、日々の暮らしが畑仕事とともにあります。下肢が利かなくても、息が切れても、畑までの往復は欠かしません。家族や医者に止められると、庭に小さな畑を作り作物を育てます。

映画『病院はきらいだ』で佐久病院の患者さんを描いた時枝俊江監督は「膵臓ガンの末期の九一歳のおばあさんなんか、自宅でモルヒネを持続注入を受けながらも「菜っ葉を植えなきゃ」と繰り返して起きようとするんです。長い間過酷な労働だった農業が老いを支え、プライドを持たせていることに私はすばらしい終末と感動しました」と言っています[2]。

あるとき、小海町の保健師さんを訪ねました。彼女はこんなことを言います。

「認知症のお年寄りが家からいなくなり、夕方に家族から連絡が入り、有線放送を流したり、ヘリで探したけれど、翌日、畑に行く途中の水路で亡くなっているのが見つかった。今年はこれで二人目。痛恨の事例です。」

残念そうな表情の保健師さんにうなずきながら、それでも、その二〇年前に三郷団地の老人会では、孤立死について話されていたのを思い出し、考えこんでしまいました。

ある頼まれごと

もうひとつ、私が自分の両親から頼まれたあることをご紹介します。

両親は昭和一桁生まれで、二人で商売をしながら暮らしています。八〇歳を超したころ、父が「二人で話してみたんだが、うちは在宅介護でいこうと思う」と、ぽつりと言いました。それまで介護や最期の迎え方について話し合ったことはありませんでした。私はかなり戸惑いましたが、両親の要望ですからしっかり受け止め、臨床医としての経験を活かそうと心に決めました。

それから五年ほど経つ間に、母が病気や怪我で入院を経験し、訪問看護や訪問介護、訪問リハを頼むようになりました。ケアマネジャーや私の妻、息子、妹夫婦と連絡を取り合いながら介護を組み立てています。

ところで、自営業者の家屋は商売優先で建てられるのが普通で、私の実家もそうです。一階の表通りに面した明るい部分は店舗です。居住部分は、居間と台所が一階の北側、寝室や浴室は二階、物干しは三階で、階段の上り下りが欠かせません。足腰が弱ってきた老親が一緒の時間を過ごし、家事をし介護し合うには、かなりの工夫が必要です。

「在宅介護でいきたい」という親の意思表示があったことが、在宅介護を組み立てる強い動機になっています。

二　自分らしく、死ぬまで生きる

いつのころからか、私にも持論らしきものができてきました。

死ぬまで、生きることの支援

まずは、自分らしく死ぬとは最期まで自分らしく生きることだろう、ということです。私も臨床医なので、死ぬことの援助ではなく、生きることの援助が考えやすいという面もあります。

リハ科で働いてきた経験も影響しているかもしれません。

「自分らしく」という言い方にもこだわりがあります。「その人らしく生きる」という言い方もよくされますが、いかにも他者の目線で人の生き方に「らしさ」を見定めている感じで、あまり好きになれません。当事者の目線なら「自分らしさ」でしょう。

さて、死ぬまで自分らしく生きることを支援するには、なにが必要でしょう。

診療の二つのギア

私が大事にしていることのひとつは、生きていく力を支援する視点を診療に取り入れることです。

診療に際して、車の運転で言えばギアが少なくとも二種類必要だと考えます。

まず「病気用」のギアで、患者さんの具合が悪いときに使います。病気が悪くなっていないか、新しい病気を合併していないか、強力な治療が要るのではないか、救急搬送や入院が必要ではないかを考えて、効率的に、ときには迅速に結論を出して行動する性能が求められます。

このギアが入ると、口数が増え口調や表情も普段より少し引き締まるような気がします。

この病気用のギアは、いつも必要なわけではありません。症状が落ち着いていて、病気の診断治療が喫緊の課題でないときもあります。定期的な検査と薬の処方を間違えないようにすれば、あとは世間話に時間を使う医者も多いようです。落ち着いているときに病気のことばかり話題にすると、患者さんは気持ちの上でも負担になりそうです。

そんなときには、病気の話題から思い切って離れます。糖尿病や高血圧などの慢性疾患の外来診療でも、訪問診療や往診でも、第二のギアに切り替えます。

暮らしの中で、やりたいこと・果たすべき役割ができずに困っていないか。身体や心の活動が不足した「生活不活発」が起きていないか。運動や機能訓練、訪問・通所介護、生活支援の必要がないか。これらを考える上では、リハ科の診療のノウハウが活きます。いわば「リハ用」のギアに入れるのです。

患者さんの顔、診察室まで歩いてくる姿、往診医を迎えるときの姿勢（起きているか、寝ているか）と表情、挨拶のときの口調、はじめの言葉などで、どちらのギアが必要かを見極めようと集中します。

患者さんに教わること

もうひとつは、臨床家としての基本的認識で、死に向き合っている方に死んだことのない自分が教えられることは少ないということです。むしろ、患者さんから教えてもらわなければならない。ここを間違えると、患者さんとの関係がおかしくなります。

もちろん、ときには医者として「あなたの人生の最後の幕をひく役目をもった病気がやってきたようです。こいつとどうつきあっていきましょうか?」と話すこともあります。「もしこの病気で命を失うとしたら、いまからやらなければならないこと、会わなければならない人、話さなければならないことは、何ですか?」と尋ねたりします。

実は、ここまで話題にするのが憚られる場合も多いのです。それでも、どんな信条で働き暮らしてきたか、誰と連れ添い看取ってきたか、いま暮らしているのはどんな人か等々、患者さんのことを知っていれば、聞いていいこと・いけないことがわかる場合もあります。

医療や介護に携わる仕事をしている者が恵まれているのは、仕事で出会った患者さんたちからいろいろ教わってから、自分自身や家族の生と死を考えるチャンスがあることです。いざというときに迷わずに自分の道を選べるとは限りませんが、患者さんの姿を思い出して、自分の死と向き合えるかもしれません。

リハ・モノ・ケア

「診療でリハ用のギアを使う」と述べました。もう少し詳しく言うと、これは診察をリハとモノとケアに繋げていくギアです。ここが実は、どういう地域をつくるかに直に関わってきます。

ここで言うリハは、医学的リハのことで、理学療法（ＰＴ）や作業療法（ＯＴ）、言語聴覚療法（ＳＴ）などの機能訓練を含みます。

医学的リハは、病気や怪我で病院に搬送されたその日、「急性期」からはじまります。生命の危機を脱したら「回復期」のリハです。回復期リハ病棟では一日に三時間のＰＴ・ＯＴ・ＳＴを利用することができ、集中的な訓練で機能と活動の回復を図ります。自宅や介護施設で生活を再構築する「生活期」にもリハの訓練を継続することが可能です。やがて心身の機能や活動が衰えて常時お世話を受けるようになる「介護期」にも、人生の最期と向き合うようになる「終末期」にも、療法士の力を借りて心身の条件を整える効果は続きます。

「安全な臥床」という目標

リハは機能訓練のこと（だけ）を指し、身体の機能や活動の改善が期待できないならばやる意味がなく、リハの時期を過ぎたとされがちですが、私はこの考えは採りません。

もちろん、訓練で筋力や麻痺や注意力が回復し、できる活動が増える可能性を追求するのは、大事です。

でも、例えばがんや重症の心臓病で栄養状態が低下し改善が困難な方が、寝たきりのまま過ごさなければならない場合もあります。無理して起き上がり、立ち上がることにこだわると、ますます消耗して食欲も低下し、苦痛や病状は悪化します。「動かせない」状態でも、床ずれや関節の拘縮を防ぐことは可能です。このようなとき、私は「安全な臥床」を目標にPT・OT・STを積極的に依頼します。

ところで、こんな「動かせない」ときに、エアマットがよく使われています。空気の流れや圧力を変えて床ずれを治療するマットレスです。病院や施設はもちろん在宅ケアでも大量に使われています。しかし、エアマットの上で寝ると筋肉や関節の緊張が高くなり、こわばりや拘縮をつくり出すこともあるのです。

療法士の技術は、心身の機能構造を正確に評価し、エアマットが必要ない状態や介護方法を見つける上で役に立ちます。

このように、とくに介護期や終末期では、訓練以外にも療法士の技術が必要です。

モノに注目!

モノとは、よいケアを実現するための用具や住環境のことです。福祉用具や補助器具と呼ばれ、車いす、移乗用リフトと吊り具、ベッドとマットレス、摩擦軽減シートや移乗用ボード、さらには手すりや階段昇降機、段差解消機などが代表的です。

在宅ケアでは、介護保険で福祉用具が借りられるので、モノの手配はしやすくなりました。ベッドとマットレスならば、高さや頭部・脚部の角度が調節できる電動ベッドと、いろいろな機能を持ったマットレスを使い、身体の状態に合わせて寝る環境を調整できるのです。しかも、ベッドもマットレスも業者が貸し出し前に洗浄し、故障やへたりを点検しています。病院や介護施設に入っているものより、よく管理されているかもしれません。

一方で、介護保険の貸し出しには弱点もあります。「選ぶ」ための技術にばらつきが大きいことです。ケアマネジャーや福祉用具業者は一定の研修を受けてはいますが、改善の余地のあるケースも目につきます。

前述のエアマットもその一例です。入院中に褥瘡予防のために使われたものが、退院時のケアプランに入り、在宅でそのまま何年も使われているケースがあります。エアマットの過剰使用です。

逆に介助用リフトと吊り具は、日本では普及が足りません。摩擦を軽減して移動・移乗するシートやボードも、比較的安価なモノなのですが、まだまだ使われていません。

車いすも、ビニールシートの座面で五分も座るとお尻の一部（座骨結節周囲）に圧が集中して痛くなるものが大半です。こうした代物は本当は移送用キャリーとでも言うべきで、車いすと呼ぶならば、必要なら半日でも一日でもその上で過ごせるようデザインされているべきです。

家屋に、自分の力で動けるよう手すりをつけ、つまずきやすい敷居を外したりする例が増えています。家の中での移動は運動になりますから、段差や階段をなくしさえすればいいというものではありませんが、廊下の幅を広く取っておく、扉は開き戸ではなく引き戸にする、トイレや浴室の入り口の間口は広く取るなど、あらかじめ家屋環境に配慮しておくと、足腰が弱ったときに助かります。

協働するケア

ケアとは、介護に関わる全員がリハやモノを使いこなすスキルとマネジメントを言います。

リハは、療法士の専売特許ではありません。回復期リハ病棟では、療法士の訓練時間が一日最大三時間まで医療保険で給付されると一四九ページで述べました。でも、それでも二四時間のうち二一時間は、療法士は患者のそばにはいないのです。

在宅ケアでは、一回一時間前後の訪問リハがせいぜい週に一～二回です。通所リハなら六～八時間を週に二～三回利用することも可能ですが、このすべてで療法士が訓練を行うわけではありません。

看護師やケアワーカーや家族と、あるいは一人で、暮らしの中でどれだけ活動するかが活動量を決定します。

モノすなわち福祉用具や補助器具の使いこなし方は、特定の職種だけが詳しいわけではありません。例えば、介助用リフトと吊り具のスキルを例にとると、介助される方の身体の大きさや形、皮膚の弱い部分などを考慮して吊り具を選ぶこと、安全かつ確実にそれを身体にかけること、吊り上げられた人をケアしながらリフト本体をあやつることなどがポイントになります。ケアの視点は看護師やケアワーカーが得意です。身体の機能や構造に合わせるのは理学療法士や作業療法士が上手なはずです。互いの得意技を合わせたリフトと吊り具の技術があり、リフトのエキスパートは、どの職種にもいるわけです。

そして、多くの職種がひとつの住環境で共通のモノを使って人をケアする、いわゆる多職種協働を実現するには、マネジメントが必要です。

リハ専門病院の食堂で、こんな話題がありました。麻痺のある患者さんが食事をしているところを、いくつかの職種が見守っています。医師や看護師は安全に食べられているかを、理学療法士はいい姿勢で食べているか、作業療法士は自分の力をうまく発揮しているか、言語聴覚士は取り込みのペースや咀嚼・嚥下が確実にできているか、ケアワーカーは美味しそうに食べているか、管理栄養士は残さず食べているかを、おのおの気にかけているというのです。

いろいろな視点で見ている背景には専門技術と責任感、価値観があります。どれも大切で、多職種の目があることが相乗効果を発揮すれば素晴らしいわけです。

ところが、ときに、多職種とくに専門職が一緒に働くと、お任せになったり、お手並み拝見になったり、ときには対立や衝突が発生します。職種間のパワーゲームになることもあります。ケアを必要とする当事者とチームの置かれた状況、ケアの目標に応じて、誰がリーダーになるか、フォロアーになるかを柔軟に調整していく必要があるのです。

地域という範囲で見ると、このチームは多職種なだけでなく、多部門・多施設で構成されます。性格・利害、管轄する法規が異なる組織をまたいでの協働になります。当事者が中心にいて、方針の決定に参加することがポイントになります。

このような協働を構築することこそ、地域社会の課題だと思います。

三　地域をつくる

「地域包括ケアシステム」が答えか？

厚生労働省は「団塊の世代が七五歳以上となる二〇二五年を目途に、重度な要介護状態となっても住み慣れた地域で自分らしい暮らしを人生の最後まで続けることができるよう、住まい・医療・介護・予防・生活支援が一体的に提供される」のが地域包括ケアシステムで、保険者である市町村や都道府県が、地域の自主性や主体性に基づき、地域の特性に応じてつくり上げていくことが必要としています[3]。

「地域包括ケアシステムの姿」で私が共感できるのは、住まいが中心に位置づけられていること、医療も地域包括ケアの一部とされ、そこに急性期・亜急性期・回復期リハ病院も描かれていること、地域の特性に応じてつくり上げていくという文言の三点です。

逆に、疑問符をつけたくなることも三点あります。まず、よく見ると病院や介護施設は地域を囲む丸の外側に置かれていて、曖昧さが残ること。

二つ目は、行政や事業者という独自の立場で動く組織の役割が見えないこと。仮に事業者が地域から撤退したらどうするのか、地域の間のばらつきや格差について行政の責任はどうなるのか、です。

そして三つ目は、人員や資源の見積もりは妥当なのかです。これについては、二木立先生（日本福祉大学学長）が、急性期医療で必要な看護師数と、地域ケアの費用について、大事な指摘をされているので引用します。

まず、急性期の医療に必要な看護師数は過小評価されている可能性が高いことです。

「厚労省は、急性期病棟の看護体制に七対一を導入した二〇〇六年よりあとの二〇一一年の時点で、二〇二五年までに医療資源の集中投入、急性期病棟の職員二倍化～六割増が必要と見とおしていた」。ところが、「二〇一四年度診療報酬改定で、七対一入院基本料の算定要件の見直し・厳格化〈中略〉が実施され、現在三六万床ある七対一病床を二年間で九万床（二五％）削減する方針と報道された。しかし、一般急性期一〇対一以下の看護体制では平均在院日数短縮は不可能で、ベッド不足か病院危機再燃の危険がある」[(4)(5)]。

次に、地域ケアは、施設ケアより費用の節約にならないことです。欧米の研究によれば「費用に家族の介護費用を含めず、公的医療費・福祉費に狭く限定した場合にさえ、地域ケアのほうが費用を増加させるとする報告が多い」[(6)]とし、このことは厚生労働省の担当者も認めるようになっていると言います[(7)]。

下からの地域医療と「医療の民主化」

自分らしく死ぬことのできる地域をつくるとは、自分らしく生き抜ける地域、死ぬそのときまで自分らしさが大切にされ、自分自身もその一員である地域社会（コミュニティ）をつくることだと思います。

地域医療は、医療の一部というよりは地域の一部だと言ったのは、清水茂文先生（佐久総合病院元院長、現在は老健施設こうみ施設長）です。〝地域医療〟をやるノウハウをあれこれの地域社会に応用するという考え方よりも、地域社会がどのように暮らしていこうかというニーズに応えて、コミュニティの一員として医療資源を生み出し、必要なら医療機関もつくり上げていく運動が地域医療だという考え方です。

地域医療については、日本なら日本という国の全体を上から見渡して、それぞれをいくつかの区域に区切ったものを地域と呼び、おのおのに過不足なく計画的に医療資源を配分することという考え方もあります。代表的なのは都道府県の地域保健医療計画でしょう。このような地域医療のつくり方を「上からの地域医療」と呼ぶとすれば、地域社会の運動としてつくり上げていくのは「下からの地域医療」と言えるかもしれません。どちらか一方だけが正しいのではなく、両方が必要だと思います。

ところで、本当の意味で下からの地域医療が構築されるとすれば、それは民衆の運動が医療をつくることを意味します。例えば、佐久総合病院（長野県佐久市）は、「農民とともに」をスローガンに、運動としての地域医療を構築してきた病院と言えます。

この病院のリーダーである故・若月俊一先生が、一九九七年にこう話しています。「この間、NHKテレビに出たとき、川村雄次アナウンサーが私に質問したんです。『先生、長野の山の中で五〇年仕事をしていて、どのくらい医療の民主化ができましたか』と。私は率直に『二、三割でしょうね』と答えました。『えっ、たった二、三割ですか』『そうですね。そこに問題があるんです。地域社会の民主化ができないで、どうして医療だけ民主化できるでしょうか』私はそう答えました[8]。」

農村と都市の連帯は可能か？

私は埼玉の都市近郊、東京の下町、そして信州佐久の農村・山間地で、下からの地域医療の現場で働いてきました。

二〇一一年七月からは佐久市・小海町と足立区柳原を毎週往復し、佐久病院と柳原病院という二つの地域医療実践を同時に体験し、いくつか気がついたことがあります。

ひとつは、佐久病院の職員の出身地の特徴です。佐久病院は、医師の多くが都市部出身で、看護師や事務職員は地元の出身が大半です。それ以外の技術職は半々に近いようです。いわば、農村と都市の出身者が連帯して運営しているのが、佐久病院なのです。ちなみに、若月俊一先生も東京出身で東京帝国大学を卒業し、最先端の外科医の技術を身につけて佐久にやってきた人でした。

もうひとつは、佐久病院と柳原病院が密接な交流をもってきたことの意味です。

柳原病院は、東大闘争を経験した若い医師が一九七一年から七六年ころ「下町に佐久病院をつくろう」と集まった病院です。この医師たちに、佐久病院から若月先生がやってきて一九八〇年に五回にわたって講義をしたことがあったのです[9]。これは、顧問の故・川上武先生（医師・医事評論家）が企画されたもので、その後もこの病院の医師たちは、佐久病院祭や農村医学夏季大学講座に参加し、影響を受けてきました。

農村医療・地域医療の灯台と言われる佐久病院も、若月俊一を筆頭に都市からの人材移転抜きには成り立ってこなかったこと。その若月先生が、都市の在宅医療の草分けと言われることになる柳原病院の人財育成を助けていたこと。これを地域医療における農村と都市の連帯と呼びたいのです。

農村でも、都市部でも、都市近郊でも、自分らしく死ねる地域をつくる課題に我々はまさに直面しています。地域の特性に合わせてコミュニティの力でやり遂げるにしても、農村と都市がばらばらでいては見通しがもちにくいと、私は考えます。

農村と都市はどう連帯していくか、それを地域づくりにどう組み入れるかが、これからのひとつのポイントになるはずだと思うのです。

【参考・引用文献など】

（1）増子忠道・宮崎和加子『最期まで家にいられる在宅ケア―東京・千住地域の巡回型二四時間在宅ケアの実践』中央法規、一九九六年

（2）時枝俊江監督「日本のドキュメンタリー作家インタビュー　No.19」http://www.yidff.jp/docbox/21/box21-1-1.html#name2r（二〇一五年四月二七日確認）

（3）http://www.mhlw.go.jp/seisakunitsuite/bunya/hukushi_kaigo/kaigo_koureisha/chiiki-houkatsu/dl/link1-4.pdf（二〇一五年五月一日閲覧）

（4）二木立「七対一病床大幅削減方針の実現可能性と妥当性を考える　二木学長の医療時評（一二一）」『文化連情報』二〇一四年五月号（四三四号）、一六～二二頁

（5）二〇一五年三月に策定された「地域医療構想策定ガイドライン」（http://www.mhlw.go.jp/file/05-Shingikai-10801000-Iseikyoku-Soumuka/0000081306.pdf 二〇一五年五月二日閲覧）は、地域ごとに高度急性期から在宅医療までの医療需要を推計し、それに対する供給状況（主にベッド数）を検討する筋道を詳しく述べていますが、必要な人員数については吟味していません。

（6）二木立『日本の医療費』医学書院、一九九五年、一八六頁

（7）二木立『医療改革と財源選択』勁草書房、二〇〇九年、一三二頁

（8）松島松翠（編著）『現代に生きる若月俊一のことば』家の光協会、二〇一四年、四〇頁

（9）特定医療法人財団健和会（編）『地域医療・福祉の五〇年　東京下町そして三郷　通史編』ドメス出版、二〇〇一年、一五五頁

第七章　日本人の死生観と来世観

——文化的特徴と歴史的な変化——

島薗　進

はじめに

戦後社会のなかで大きな部分を占めてきた団塊の世代が、還暦を過ぎて死をより身近に考えるようになったこともあり、「千の風になって」という歌が流行したり（二〇〇七年）、「おくりびと」のような映画（二〇〇八年）も多数支持を集めたように、死を捉え直すことが大きな流れになってきていました。ここにはもちろん、医療が高度化したことによって、人がなかなか死ねなくなっているということも影響しているでしょう。そこに東日本大震災が来ました。

震災の衝撃は大きかった。これを一言で言うなら、「無常観」でしょう。震災によって、人間の力で自然を征服するという人間中心的な考え方はもろくも崩されました。人間がつくったものの儚さは、そのまま人間の存在の小ささとして、強く認識されました。地震と津波による大震災。それに加えて発生した原発事故。今、日本では、死を身近に感じる感覚が、久しぶりに広く、そして深く浸透しているように思われます。

たしかに大震災がもたらした死の恐怖は、とても強烈なものでした。だからこそ、大脳皮質で「死後の世界はない」、「人間死ねばすべて終わりだ」と了解していた死や生が、改めて現実の、私たちに身近な生々しい問題として突きつけられたということではないでしょうか。身近な人たちがたくさん亡くなったという事実を、何とか自分で納得したいでしょうし、そのなかで生き残った自分自身の生と死にも、向き合わざるを得ない。

では、私たちにふさわしい死生観とはどのようなものなのでしょうか。

日本における霊魂観の特殊性

欧米では、今ではキリスト教徒もあまり教会に行かなくなっているようですが、それでもやはり魂は永遠にあって、死んでそれっきりではないと考えている場合が多いようです。死ぬと、「神のみもとに行く」という考えです。神様がいて、イエス・キリストがいて、マリア様がいる、いわゆる「天国」へ行くのだと、そういうイメージがあります。そしてそこへ行くのは、「私」という個人の霊魂だと認識しています。イスラム教徒の来世観もそれに近いものでしょう。

こうした考え方が、一方ではおそらく自殺を忌避するということと結びついていて、キリスト教やイスラム教の影響の強い世界では、自殺はとても少ないです。自殺というのは最終的に個人の決断によるものですが、神の意思に反することで、それをあえて行うことは、神のみもとに行けなくなることを意味します。このあたりは日本人の感覚とはだいぶ違います。もちろんキリスト教、イスラムが主流の世界だけではありません。インドがあり、中国があり、アフリカもあって、一概に特殊性を言うことはできませんが、少なくとも日本は、キリスト教やイスラム世界とは異なった「魂」の捉え方や、死後の世界を含む死生観をもっていると言うことはできるでしょう。

日本の場合には、仏教の考え方が民衆にたいへんよく受け入れられ、仏教文化が庶民の意識に根づいています。そして、その仏教の根幹的な考え方には「無我説」があります。無我の「我」はアートマン、つまり「霊魂」とも訳せるもので、インドの伝統にあった個人の霊魂＝アートマンを否定したものです。では、人間の心とはどのようなものか。人間の心はさまざまな要素が寄り集まってできていると説きます。「縁起」という概念です。仏教では、その人個人の霊魂が、死んでも同じようにずっと続いていくという考え方は主流ではありません。「カルマ（業）」は、人間が生きて積み重ねてきたものはこの世では終わらないで、生まれ変わりながら、死んだ後もずっと続いていくという考え方です。だが、この続いていくものは、「個人の霊魂」というような堅固な個体性をもったものではないと考えるわけです。

また、キリスト教に言う「神のみもと」は、天の彼方の遠い世界のことです。天国も地獄も、この世とはまったく違う世界です。ところが日本人の「あの世」は、すぐそこにあると感じられていることが多いです。ですから霊魂も、すぐにこっちへ来ることができる。日本にも地獄や極楽という遠い他界の観念はあるのですが、お墓参りに行くと、祖先の霊魂はそこにあるように感じるし、お盆に迎え火を焚けば、それを見て祖先の霊魂がやって来るように振る舞っています。亡くなった祖父や祖母が、夢枕に立ったなんて話もよく聞きます。日本では、そのように「あの世」との行き来が頻繁に行われていると感じられています。死者と生者は隣り合わせにいて、いつでも交流できるという感じです。

しかもあの世で私たちと交流する霊魂は、必ずしも個人名のついた霊魂ではありません。むしろ「祖先」という、だんだんと個性がなくなって一つになってしまった、集合体というようなイメージではないでしょうか。

これを柳田国男は「ひとかたまりの先祖になる」と捉えました。ですから位牌も最初は一人一人のものがあっても、代を重ねると「〇〇家の位牌」にまとめられてしまう。お墓も「〇〇家の墓」です。個人名で営む、五十回忌や百回忌といった法要もあるにはありますが、三十三回忌までやってもらえればたいしたもので、だんだん先祖ひとまとめでいいということになってきます。

逆に生まれてくる方も、江戸時代頃までの日本では、ある年齢に達するまでは個人として扱わないという考え方がありました。「七歳までは神の子」という文言が全国に流布していますが、七歳までは人別帳（戸籍）にも載せないし、死んでも、葬式を出しませんでした。これは子供の死亡率が高かったり、間引きなどをしていたことと関係がありますが、七歳までは、まだ完全にこの世の存在になりきっていないということです。

文化人類学者の波平恵美子先生は、日本のいなかの人々の死生観について、要するに一つの大きな「いのちのプール」のようなものがあって、人はそこから出てきて、ある時間を過ごし、またそこに帰っていく、というようなイメージで語っておられます。プールから出てきて七年くらいすると、ようやく個性が出てくる。それまでに死んでしまった子はプールに戻ってもらって、またそこから生まれ直してもらう。

「いのちのプール」は、言ってみれば「故郷のいのちの源」です。故郷の自然、そこに生きて暮らした祖先たちの霊魂、そういうものの総体がいのちの源であり、もはや個人や個性の集合体というようなものですらなく、生きとし生けるもののすべてが融け合い、生まれ変わりの循環がずっと続いてきて今に至っている、そういう感じ方をしているのだと思います。こうしたものの考え方をアニミズムと呼んでいますが、文明が進むにつれてアニミズム的な感覚は消されていき、次第に背景に退いていくのが世界の趨勢です。仏教にもそういう傾向が認められるのですが、日本には、とくに神道と関わる土着的な世界観もあって、アニミズム的な感性がずっと保たれてきています。神道は「森の文化」とも言われますが、日常世界のすぐ近くに死者の世界、すなわち「あの世」があり、それと共に自分がいるという感覚を常にもっています。そして死ぬ時はそこへまた還っていくわけです。

現代人にも、アニミズムの感覚はあるか

個性のある霊魂を信じる文化圏では、あの世との交流も「個人的」なやりとりとなりますから、個人の意識が中心の理性的な交流です。ところが「いのちのプール」となると、いのちとも力とも自然とも区別がつけがたくて、あまり合理的ではないけれども、感性的にはとても豊かなものになります。芸術の世界に近いと言ってもいいかもしれません。そんなアニミズム的

な豊かさが、宮沢賢治の作品世界に反映されたり、近年では、宮崎駿監督のアニメーション作品の重要なモチーフとなって出てきています。柳田国男も折口信夫も、次第に文明化される日本の暮らしのなかに残り続けていく、そうした外来宗教以前の何かを研究しようとしました。それが日本の民俗学になっていくわけです。

もちろんそうした宗教以前の何かは、東南アジアやインド、中国、アフリカにも色濃く残っていますし、北米のネイティブ・アメリカン、中南米のインディオにもあります。むしろそれは人類に共通する感覚であって、キリスト教やイスラム教であっても、そういうものを保存している場合はたくさんあります。そういうふうに考えるわけです。

二〇一一年の三月一一日に日本を襲った「東日本大震災」では、被災地が東北地方だったこともあるでしょうけれど、そうしたアニミズム的感覚が強く残っていることを感じさせました。死んだはずの人が現れたとか、亡くなった方が夢に出てきたとか、多くはたわいもない「幽霊話」として片づけられてしまいますが、そういう意識の根底にも、「いのちのプール」がたゆたっているように思われます。

もちろん近代的な教育を受けて、近代的な組織のなかで生きる現代人、とりわけ大都市に暮らして、さまざまなメディアから全世界の情報を時々刻々と受け取っているような人々にとっては、昔ながらの宗教文化や民俗文化は、ずいぶん疎遠になってきているでしょう。そこにはある種の断絶も起こっていて、「死んだらそれきり」とか、「この世がすべて」という考え方も、多かれ少なかれ誰もがもっているようになりました。

ですから「死後の世界」や「死者との交流」をまことしやかに語る人に対しては、物語として楽しむならいいけれども、それを信じて、本当にあるかのように語るのは明らかにウソだし、インチキだと、あからさまに不快感を示す人も多い。素直にそのまま信じることができなくなっています。けれどもそれは同時に「死」ということ自体を、私たちの生活から断絶させることでもあって、死はますます遠い「謎」になり、死への恐怖をより強くすることでもあります。他者の死にしろ自分の死にしろ、死としっかり向き合うことができない。最近はそういう人も増えてきているようです。生活のなかから死を締め出した結果でしょうけれど、これは世界的な現象です。

芸術作品をはじめとして、映画やテレビドラマ、アニメーションといった娯楽作品などにはアニミズム的な感覚が充満していて、日常的に享受し、楽しんではいるけれども、真剣な話としては口にしにくいし、親しい友人にも、親子の間でも話しづらい。けれどもアニミズム的な感覚は、じつは現代人のなかにも根強くあって、「輪廻転生」ということも、どこかですんなり信じる人も少なくないようです。

私自身の記憶を振り返ってみても、学校では科学的な合理性や論理性を重んじ、どちらかというと唯物論的なものの見方を学んでくるわけですが、一方では、お盆になると先祖が帰ってくるというような非論理的なことも、当たり前に受け入れている。そんな二重性があります。現代人としてのわれわれには、教育されて頭のなかに入っている知識と、からだで生きて振舞っている日常の生活と、その間にギャップがあるようです。たとえば何かに手を合わせる。こういうことは学校教育以前に教わってくることだから、説明しろと言われると難しいが、手を合わせないと何となく気持ちが悪いと感じるわけです。

学生に聞いてみると、本を踏むことを躊躇する人は多いようです。家の中に本が増えてくると仕方なく床にも置きますが、これがもうすでにちょっと気持ち悪い。ましてそれを踏んで歩けるかというと、どうでしょうか。やっぱりイヤですよね。ただの紙なんだけれども、そこに書いた人の心が入っているような気がしている。だから床に置くのも、それを踏みつけるのも、イヤな感じがするんです。

この話をしたら、ある女子学生が「そういえば……」と、靴をゴミ箱に捨てる時には、いつも手を合わせているという話をしてくれました。いい感性ですね。メガネ供養や包丁の供養、針供養といったことは、今でも広く日本中で行われています。人の役に立ってくれている物には、どこか命が宿るような気がします。愛車とか、愛機とか、パソコンにすら心が入ってくる気がします。靴は本当にからだと一体になるものですから、からだの一部のような感覚が湧いてくるのでしょう。

時代によって変わる「あの世」との付き合い方

頭や口では否定していても、そうしないと気分やからだが満足しない、ということはたくさんあります。食事の前に手を合わせないと気持ちが悪い、というのもその一つでしょう。儀礼という形式には、このように気分やからだを癒す効果があると思います。

先日私の義理の兄が亡くなったのですが、「仏教を信じてないから、葬式はしないでくれ」と言い残していきました。そうするとお焼香はどうするのか、そのための台は置くのかということから問題になってきます。お焼香もなくて、弔問者はどうやって拝めばいいのか、と。とうとう焼香台くらいは置こうということになりましたが、生活にはそうした霊的な世界が、随所に、当たり前に入り込んでいるのです。

お墓参りに行くとか、お正月には初詣に出かけるとか、家の中に仏壇があれば、旅行のお土産を仏前にちょっと上げてみるとか、そういうことが全部つながっています。東日本大震災でも、みんな写真を大切にしていました。ボランティアの方々も、ガレキの中から写真を探し出してきては、それを一つひとつきれいに洗って、それを体育館に吊り下げて、持ち主を探していた避難所もありました。

故人が写った写真は、それによって故人とのコミュニケーションができる「メディア」となる。それがあるかないかで大いに違います。「依り代」とでも言いましょうか、昔は伝統行事として恭しく執り行ってきたようなことが、今ではその形式はなくなってしまったけれど、ゼロにはなっていなくて、たとえば写真というものに代わっているということでしょう。でもそうした「依り代＝メディア」は、今でもたいへん大切な位置を占め続けていて、大脳皮質には意識されないけれども、からだ全体で感じているのではないでしょうか。

「千の風になって」という歌のことを考えてみましょう。「私のお墓の前で泣かないでください。そこに私はいません。千の風になって大空を吹きわたっています」という歌詞ですが、あたかも亡くなった人が語りかけてくるようです。「こんな歌が流行ると、誰も墓参りに来てくれなくなるのではないか」と日本の仏教界が問題にしたという逸話があって、それを聞いた私の母などは、「いやいや、そんなことないわよ。あちこち出かけているかもしれないけど、あなたたちがお墓参りに来る時にはちゃんといるから、しっかりお墓参りしなさい」と言っていました。

つまり大切なのは、死者と心が通じ合っているか、共にいるという感覚をもち続け、「絆」が続いているかどうか、ということになります。人は死んでも無になっているのではなく、絆が続いている。これはアメリカの学者が、日本人と西洋人の死生観の違いとして注目したところです。絆は英語で bond ですが、日本人は「continuing bond（続く絆）」を大切にしている、というのです。

アメリカは民主主義における万民の平等を保証し、万事契約に基づいて運営される国ですから、建前上死んで意志を示さなくなれば bond そのものがなくなる。そういう理念をもった国です。とはいえ「千の風になって」の原曲「Do not stand at my grave and weep」はアメリカ人の作詞ですから、庶民の間には continuing bond の感性も共有されていて、死者と対話するメンタリティも残っているのです。日本ではこれを文化の仕組みとしてがっちりと組み込んで、儀礼としての秩序が構築されていたということです。そこに大きな特色があります。

もちろんその日本でも、今では儀礼も縁遠くなり、共同体全員で一緒にやるということも少なくなってきました。故人と一夜を共に過ごすお通夜などもどんどん簡略化され、人も集まりにくくなっています。お盆もそうですね。祖先の霊が帰ってきて飲食を共にするという感覚も、ずいぶん希薄になりました。さまざまある法要もだんだん回数を減らしたり簡単なものに整理され、従来は儀礼という決まったパターンのなかで、当たり前のように行われてきた死者と生者の交流は、かなり失われてしまいました。一方ではその替わりとして、故人の写真を置いたり、偲ぶ会を催してみたり、追悼文集を刊行したりと、いろんなかたちで改めて絆を確認しようとする努力もなされています。

時代の変化もあるでしょう。若い人たちにとっては、伝統的なパターンではリアリティが感じられず、気持ちが十分に込められない、ということもあるでしょう。結婚したら同じ墓に入るということも、もう当たり前のことではなくなってきました。途中で離婚するかもしれないし、そもそも墓を守ってくれる子供もいない夫婦も多いです。

考えてみれば、結婚したら一つのお墓に一緒に入るというようなことも、大昔からそうだったわけではなくて、せいぜい一〇〇年、一五〇年前から定着してきた比較的新しい慣習ですから、伝統文化といっても、どの程度の射程をもって続いてきたかは必ずしもはっきりしません。それにしがみついて、やみくもに従っていればいいというものでもないでしょう。

現代の死生観をつくり直す必要

武士道が脚光を浴びるようになったのは、明治になって以降のことです。西洋の文化がどんどん入ってきて、近代科学による教育が広まるにつれて、自分たちの拠り所は一体どこなんだろうという反省が生まれてきました。

その当時、政府の首脳陣や知識層には士族出身者が多かったし、明治の新時代を切り拓いたリーダーは、みな武士の精神を引き継いだ人たちです。すでにお話したように仏教は現世に対しては消極的ですから、武士道の主従関係中心的考え方には、秩序を重んじ仁政を旨とする儒教的な伝統が取り入れられています。江戸時代にはそれが思想的に体系づけられるなかで、有効な部分が強調され、そぐわない部分が切り捨てられるなど、日本独自の組み換えを経て確立してきています。そういう武士道が、自分を見失いかけていた明治後半の日本人にとって、ことさら懐しいものに思われたのでしょう。

ちょうどその頃に日清戦争（一八九四〜九五年）が起こり、約一万四千人の日本兵が戦死しました。続く日露戦争（一九〇四〜〇五年）では、約八万五千人もの兵士が亡くなっています。「兵士の死」ということが非常に身近なものになったわけです。そんな折りの一九一二年、明治天皇が崩御され、その大葬と同じ日に、日露戦争における旅順攻略の英雄・乃木希典大将が夫婦ともども自刃します。殉死です。まさに武士の文化です。

これには夏目漱石や森鷗外など一流の知識人も非常に強い感銘を受けていますし、新聞も哀悼の意を表し、葬儀には十数万の民衆が自発的に参列するなど、その後の日本国民のある種の死の理想像になっていくわけです。つまり、天皇のためには命を惜しまない、ということです。日本古来の物質的な世界を超えたアニミズム的な考え方が、主従関係を重んじる武士道を経由して、国家や天皇のための死という理念と結びつきました。靖国神社とも深い関係があり、国家神道の重要な要素になったものです。

そこには日本独特の桜の文化も深く関わっています。もともと田植えを知らせる花として、稲作文化と密接なかかわりをもっていた桜は、平安期の国風文化の中で日本の代表的な「花」となり、盛りの華やかさと、その散り際のはかなさが日本人の死生観に深く影響を及ぼしてきました。それが兵士の死と結びつけられていきました。

ですから、日清・日露戦争から、第二次世界大戦が終結する一九四五年までの日本では、国家とあの世である他界、あるいは死というものがたいへん強く結びつけられた時代でした。戦争のなかで死んでいった若者にはもちろん、沖縄戦や本土に対する原爆や空襲なども合わせて、この戦争で亡くなった三〇〇万人近くの人々――そこには一般の方々も含まれますが、彼らの多くに、「お国のための死」、「天皇と共にある死」という死が共有されることになりました。そして、それは押し付けられたものとして、多くの人を苦しめもしました。

戦後にはその反動もあってか、終戦までの四〇～五〇年間に強力に広まった武士道的で、かつ国家神道的な死生観に対する疑いが、それによってもたらされた「無残な死」、「むき出しの死」に対する戸惑いとなって人々を襲いました。その悲惨な結果を、理性的に、頭で考えることを拒否するあまり、戦後長く死生観の喪失が当たり前のようになってしまいました。それではいけない。日本人の死生観をもう一度問い直し、新しい、現代に見合った死生観をつくり直さなければならないのではないか。そういう気運が生じてくるのは、ようやく一九七〇年代、日本の戦後が終わり、人類史上例のない高度経済成長が、日本のGNPを世界第二位に押し上げて後のことでした。以来約四〇年、その問い直しは今も続いていて、その答えはまだ出ていません。

「むき出しの死」を超える人と人の絆

死んでそれっきりと思うのはあまりにも辛くて納得できないから、みなそれなりの工夫を始めている。何とか自分なりの死生観をもつことで、この大きな死の恐怖や、死によってもたらされる断絶感に対処しようとしている。今、日本中がそういう努力をしている最中ではないかと思います。

映画「おくりびと」では、死は人が必ず潜っていく門にたとえられていますが、食道がんによって自らの死と直面した作家・高見順は、死に向かうプロセスを旅、土に還る旅だと表現しています。また、宗教学者として独自の観点から死と生を見つめ続けてきた岸本英夫も、がんであることを告知され、死という「死の暗闇」を前にした、切実な思考を展開しています。私の著書、『日本人の死生観を読む』（朝日新聞出版、二〇一二年）では、この二人の死を前にした思考に注目しました。

岸本は一九六四年、高見は六五年に相次いでこの世を去りましたが、それぞれの立場で「むき出しの死」に向き合いながら、何とかその死を自分なりに納得して受け止めようとして、その詳細な記録を残しました。それは戦後に失われた死生観の穴を埋め、なんらかのかたちで死と和解しようとする、文字通り命がけの試みだったに違いありません。

とりわけ岸本は一〇年間に及ぶがんとの闘いのなかで、学者らしく死後の生を認めるということをきっぱりと拒否しています。心のなかの知性や合理性が納得しないのです。それゆえ暗闇はより深さを増し、岸本が「真黒な暗闇」と表現するほど、身の毛もよだつ恐怖となります。最後に岸本は死が暗闇であることを覚悟し、これに素手で立ち向かうことで、生を絶対的に肯定する視点を獲得していきます。そして、死という「大きな、全体的な別れの時」は、自分がこの世を離れて永遠の休息に入るに過ぎないことだという考えに至って落ち着きを得たと言います。「別れ」ということのなかには、深い「絆」の意識が反映しています。

前に個人が死んでも絆は残ると述べましたが、どんな絆であれそのなかに生きることは、未来を思い描くことができるということでもあります。フランスの歴史学者フィリップ・アリエスは、『死を前にした人間』（成瀬駒男訳、みすず書房、一九九〇年）で、そうした生と死の関係を、いい意味で「飼いならされた死」と名づけています。死を飼いならすことができなくなってしまった時、死の恐怖にとりつかれてしまう。死を飼いならすとは、過去から現在へ、そして現在から未来へと、命が循環しながら続いていくこと。そして自分の存在はそのなかの一コマに過ぎないと感じることにあるのかもしれません。

東日本大震災で故郷を根こそぎ津波に流されてしまった三陸の方々や、原発事故でそこに住むこともできなくなった福島の方々の悲しみは、そういう次元まで含まれています。自分たちが受け継いで未来に伝えたいもの、土地や絆、人と人の関係そのものが失われてしまって、ほんとうに先が見えない。

絆というのは人にだけ関わるものではなく、地域やその場所といった、空間も含めて、共有し、継承されていくという側面があります。ですから人間の存在全部を一つのからだに閉じこめてしまうような、寂しい個人主義が捉える死は、孤立した、恐怖に満ちたものになってしまう。けれど人の命はいろんなつながりのなかにあって、たまたま今は「私」という形をとっているけれども、これはまた分解して、次には別の形で生きていく。そう考えると死は一種の解放でもあり、個別の魂ではない永遠の生命ということにもなります。

これは宮沢賢治の作品にも表れている考え方です。賢治はまた、「宇宙の微塵になって」という言い方もしましたが、未来へ続く絆もたった一本しかないわけではなくて、むしろ絆の束のようなものが四方八方につながっていくような、多様な関係の連続として捉えていった方が、現代人にとっても受け入れやすいかもしれません。

人類共通のステージとしての「魂の領域」

日本は、他の国と比べても、伝統を保持する力が強かったと思います。それは戦時中に国民としての一体感や高揚感がたいへん強かったことと表裏の関係にあると思います。他の一面からいえば、個人の自立や独立心を妨げてきたということでもあります。まさか原発と共に、その村や日本という国が破滅しても構わないなんてことは誰も言っていませんが、結果的に問題がムラ社会の関係性のなかに埋没してしまって、けじめを失ってきてしまったという弊害もあったのではないかと思います。

絆のなかに埋没してしまう、とでも言いましょうか。たった一つしか絆がなければ、人はそれだけにすがりたくなります。それは第二次世界大戦の失敗でもあるし、原爆被災国であり地震国であるのに十分な吟味をせずに原発を推進し、また安全対策を怠りごまかしてきた安易さにも表れています。ですから、伝統を保持するとか絆をつないでいくといったことにも、ポジティブな面とネガティブな面があって、両方を合わせて考えていく必要があるということです。

エコロジー的な考え方やサスティナビリティも、実は同じような考え方で捉えられるのではないでしょうか。環境に対する倫理、未来の世代に対する責任といったようなことも、決して一方的な行動ではなく、われわれがそうすることによって自然が再生され、未来の子供たちによりよい環境として還って来る。現代の多くの問題を考える時に、そういう健全な循環をつくり永遠回帰的につなげていくことを意識すれば、それがサスティナビリティ、すなわち持続可能な社会と言えるでしょう。

今、私たちの世界観を根底から見直すためには、生と死をどう考えるかという観点が一つの基礎になると思います。ずっとそれを考えてきた宗教は、それゆえ多くの人々の間に共通の、土台となる価値観をもたらしてきましたが、一方では、異なる宗教、異なる宗派の間に非常に深い溝をつくり、人類を分裂させてしまう側面をもっています。

しかし最初にも申し上げたように、宗教以前のもっとアニミズム的な地平に降りて、人類のすべての人が共有する大いなるいのちの源泉への畏敬の念を考えるならば、それはどんな宗教からもアプローチできるし、所属する文化が違っていても語り合うことができる。もちろん科学的に追求することだってできる。スピリチュアルな領域とは、多様な価値観や倫理観、宗教意識をそれぞれに保持しつつも、人類全員が分かちもつことのできる価値意識の基盤なのかもしれません。

相違とともに共通基盤があることを理解する。そうした共通基盤を土台にしながら、文化は、また個人はそれぞれ異なる多様性を生み出している。多様性をもたらす共通基盤も理解しないと、多様性の自覚が相互無関心や他者排除につながってしまいます。今回の震災は大きな不幸でしたが、普段考えていた以上に、私たち日本人が死生観への関心を共有していたことを教えてくれましたし、その重要性を改めて気づかせてくれたと思います。

付記：この稿は、「日本人の死生観と魂の継承」『談』九五号（公益法人たばこ総合研究センター発行、水曜社発売、二〇一二年一一月）をもとにしている。

藤井　博之（ふじい・ひろゆき）〔第6章〕
1955年東京生まれ。日本福祉大学社会福祉学部教授。1981年千葉大学医学部卒業。みさと健和病院、健和会臨床疫学研究所、柳原リハビリテーション病院を経て、2011年佐久総合病院に勤務。2015年より現職。医療史、医療技術論、多職種協働と専門職間連携教育、補助器具・福祉用具などについて研究。
著書に『佐久病院史』（勁草書房、1999年）、『戦後日本病人史』（農山漁村文化協会、2002年）、『保健・医療・福祉のくせものキーワード事典』（医学書院、2008年）（いずれも共著）など。

島薗　進（しまぞの・すすむ）〔第7章〕
上智大学大学院実践宗教学研究科研究科長・特任教授、同グリーフケア研究所所長、同モニュメンタニポニカ所長。1948年東京生まれ。1977年東京大学大学院人文科学研究科博士課程単位取得退学。東京大学名誉教授。
主な著書に、*From Salvation to Spirituality*（Trans Pacific Press、2004年）、『いのちの始まりの生命倫理』（春秋社、2006年）、『国家神道と日本人』（岩波書店、2010年）、『倫理良書を読む』（弘文堂、2014年）、『いのちを“つくって”もいいですか』（NHK出版、2016年）など。

樋口　恵子（ひぐち・けいこ）〔第４章〕
東京大学文学部美学美術史学科卒業・東京大学新聞研究所本科修了後、時事通信社・学習研究社・キヤノン株式会社を経て、評論活動に入る。内閣府男女共同参画会議議員、厚生労働省社会保障審議会委員、社会保障国民会議（福田内閣）委員、消費者庁参与などを歴任。現在、評論家・NPO法人「高齢社会をよくする女性の会」理事長・東京家政大学名誉教授、同大学女性未来研究所長・「高齢社会NGO連携協議会」代表（複数代表制）。
著書に『女一生の働き方（BBからHBへ）』（海竜社）、『大介護時代を生きる』（中央法規）、『おひとりシニアのよろず人生相談』（主婦の友社）、『人生100年時代への船出』（ミネルヴァ書房）、『サザエさんからいじわるばあさんへ』（朝日新聞出版）など。

由井　和也（ゆい・かずや）〔第５章〕
1967年東京都生まれ。医師。JA長野厚生連佐久総合病院地域医療部部長。同院付属小海診療所所長。秋田大学医学部を卒業後、初期臨床研修より佐久総合病院に入職し、６年間の外科勤務の後に内科勤務を経て、現在は同院の付属診療所で外来・入院診療、在宅医療などに従事している。農村とその地域医療、プライマリヘルスケア、医療倫理といったことに関心がある。
著書に『明日の在宅医療』（共著、中央法規、2008年）など。

中澤　まゆみ（なかざわ・まゆみ）〔第２章〕
1949年長野県生まれ。ノンフィクション・ライター。雑誌編集者を経てフリーランスに。介護をきっかけに医療と介護、福祉分野への関心を深めた。
著書に『おひとりさまの「法律」』（法研）、『おひとりさまの終活』（三省堂）、『おひとりさまでも最期まで在宅』『おひとりさまの終の住みか』（いずれも築地書館）など多数。最新作は『おひとりさまの介護はじめ55話』（築地書館）。在住の世田谷区では住民を含む多職種連携のケアコミュニティカフェ「せたカフェ」を主宰する。認知症になったひとり暮らしの友人を13年介護。３年前から認知症になった母を遠距離介護中。

井上　治代（いのうえ・はるよ）〔第３章〕
社会学博士。エンディングデザイン研究所代表、認定NPO法人エンディングセンター理事長、東洋大学東洋学研究所研究員。東洋大学教授を経て現在、同大学で非常勤講師として「生死の社会学」「いのちの教育」「ジェンダー論」などを教えている。一方、もの書きとして執筆・評論活動を続け、尊厳ある死と葬送をめざした認定NPO法人エンディングセンターでも活動する。
論文のほか自著に『最期まで自分らしく』(毎日新聞社)、『墓をめぐる家族論』（平凡社）、『新・遺言ノート』（KKベストセラーズ）、『墓と家族の変容』（岩波書店）、『子の世話にならずに死にたい』（講談社）、『より良く死ぬ日のために』（イースト・プレス）など多数。

執筆者紹介

浅見　昇吾（あさみ・しょうご）〔編者・序にかえて〕
上智大学外国語学部ドイツ語学科教授、上智大学生命倫理研究所所員、上智大学グリーフケア研究所所員。日本医学哲学・倫理学会理事。
1962年生まれ。慶應義塾大学卒。ベルリン・フンボルト大学留学を経て2004年より上智大学外国語学部に赴任。外国人が取得できる最高のドイツ語の資格・大ディプローム（GDS）を持つ数少ない一人。専門は、生命倫理、ドイツ現代哲学。ドイツ現代哲学の知識を背景に生命倫理の諸問題と取り組む。
主な著書に『人生の終わりをしなやかに』（共編著、三省堂）、『連続授業　命と絆は守れるか？—震災・貧困・自殺からDVまで』（共編著、三省堂）などがある。

舩後　靖彦（ふなご・やすひこ）〔第1章〕
24歳で専門商社 酒田時計貿易㈱に入社。41歳でALS（筋萎縮性側索硬化症）を発病。全身麻痺。人工呼吸器装着。歯で噛むセンサーでPCを操作し、歌詞・詩・短歌・童話等を創作。2005年より、「泉鏡花文学賞」受賞作家寮美千子氏に師事（短歌・童話）。現在、福祉サービス業 ㈱アース取締役副社長兼サービス付き高齢者向け住宅「サボテン六高台」名誉施設長。上智大学非常勤講師。湘南工科大学特任講師兼テクニカルアドバイザー。帝京科学大学非常勤講師。
著書に『生きる力』（共著、岩波書店、2006年）、『三つ子になった雲』（日本地域社会研究所、2012年）、『死ぬ意味と生きる意味』（共著、上智大学新書、2013年）、『しあわせの王様』（増補新装版、共著、ロクリン社、2016年）。

「終活」を考える
―自分らしい生と死の探求

2017年3月30日　第1版第1刷発行

編　者：浅　見　昇　吾
発行者：髙　祖　敏　明
発　行：Sophia University Press
上　智　大　学　出　版
〒102-8554　東京都千代田区紀尾井町7-1
URL：http://www.sophia.ac.jp/

制作・発売　㈱ぎょうせい
〒136-8575　東京都江東区新木場1-18-11
TEL　03-6892-6666　FAX 03-6892-6925
フリーコール　0120-953-431
〈検印省略〉　URL：https://gyosei.jp

印刷・製本　ぎょうせいデジタル㈱
ISBN978-4-324-10235-0
(5300261-00-000)
［略号：(上智) 終活］
NDC 分類367.7

Sophia University Press

上智大学は、その基本理念の一つとして、
「本学は、その特色を活かして、キリスト教とその文化を研究する機会を提供する。これと同時に、思想の多様性を認め、各種の思想の学問的研究を奨励する」と謳っている。

大学は、この学問的成果を学術書として発表する「独自の場」を保有することが望まれる。どのような学問的成果を世に発信しうるかは、その大学の学問的水準・評価と深く関わりを持つ。

上智大学は、⑴ 高度な水準にある学術書、⑵ キリスト教ヒューマニズムに関連する優れた作品、⑶ 啓蒙的問題提起の書、⑷ 学問研究への導入となる特色ある教科書等、個人の研究のみならず、共同の研究成果を刊行することによって、文化の創造に寄与し、大学の発展とその歴史に貢献する。

Sophia University Press

One of the fundamental ideals of Sophia University is "to embody the university's special characteristics by offering opportunities to study Christianity and Christian culture. At the same time, recognizing the diversity of thought, the university encourages academic research on a wide variety of world views."

The Sophia University Press was established to provide an independent base for the publication of scholarly research. The publications of our press are a guide to the level of research at Sophia, and one of the factors in the public evaluation of our activities.

Sophia University Press publishes books that (1) meet high academic standards ; (2) are related to our university's founding spirit of Christian humanism ; (3) are on important issues of interest to a broad general public ; and (4) textbooks and introductions to the various academic disciplines. We publish works by individual scholars as well as the results of collaborative research projects that contribute to general cultural development and the advancement of the university.

On "Syu-katsu" :
Quest for your own life and death

published by
Sophia University Press

production & sales agency : GYOSEI Corporation, Tokyo
ISBN978-4-324-10235-0
order : https://gyosei.jp